Biblioteca **TEXTOS FUNDAMENTAIS**

CB067789

Impresso no Brasil, outubro de 2013

Copyright © 2013 by Eduardo F. Coutinho

Os direitos desta edição pertencem a
É Realizações Editora, Livraria e Distribuidora Ltda.
Caixa Postal 45321 – CEP 04010-970 – São Paulo – SP
Telefax (5511) 5572-5363
e@erealizacoes.com.br/www.erealizacoes.com.br

Editor
Edson Manoel de Oliveira Filho

Coordenador da Biblioteca Textos Fundamentais
João Cezar de Castro Rocha

Produção editorial
Liliana Cruz

Preparação
Patrizia Zagni

Revisão
Cecília Madarás

Capa e projeto gráfico
Mauricio Nisi Gonçalves

Diagramação
André Cavalcante Gimenez

Pré-impressão e impressão
Edições Loyola

Reservados todos os direitos desta obra.
Proibida toda e qualquer reprodução desta edição por qualquer
meio ou forma, seja ela eletrônica ou mecânica, fotocópia,
gravação ou qualquer outro meio de reprodução, sem permissão
expressa do editor.

Biblioteca **TEXTOS FUNDAMENTAIS**

Eduardo F. Coutinho

Grande Sertão: Veredas
Travessias

Realizações Editora

SUMÁRIO

7 | 1. A travessia de João Guimarães Rosa – dados biográficos

21 | 2. A obra de Guimarães Rosa em seu conjunto

51 | 3. O *Grande Sertão: Veredas* no contexto da literatura brasileira e latino-americana como um todo

79 | 4. O *Grande Sertão: Veredas* – estudo crítico

121 | 5. O olhar no *Grande Sertão: Veredas* – comentário sobre uma passagem-chave

129 | Sugestões de leituras sobre o *Grande Sertão: Veredas*

A travessia de João Guimarães Rosa — dados biográficos

Primeiro de seis filhos de Florduardo Pinto Rosa e Francisca (Chiquitinha) Guimarães Rosa, João Guimarães Rosa nasceu em 27 de junho de 1908, em Cordisburgo, Minas Gerais, cidade situada entre Curvelo e Sete Lagoas, zona de fazendas e engorda de gado. Sua infância passada no local deixou marcas tão fortes em sua vida que este veio a tornar-se mais tarde o cenário de muitas de suas estórias, e o nome da cidadezinha (literalmente, "o Burgo do Coração") viria a constituir a primeira e a última palavra de seu discurso de posse na Academia Brasileira de Letras, três dias antes de seu falecimento. A casa onde nasceu e passou os primeiros anos de vida é hoje um pequeno museu, mantido o mais próximo possível da época em que ele lá viveu.

Rosa aprendeu as primeiras letras em sua cidade natal com um professor que ia às casas lecionar, mestre Candinho, e foi iniciado no francês por um franciscano, frei Esteves, demonstrando desde cedo grande interesse pelas línguas. Após breve permanência em um internato em São João del-Rei, foi levado, em 1918, pelo avô materno, o poeta e ensaísta Luiz Guimarães, para Belo Horizonte, onde foi matriculado no Colégio Arnaldo. Desde menino, estudou música e, no colégio, desenvolveu também certo gosto pelos esportes, mas o que mais o ocupava eram as leituras, que o tornaram frequentador assíduo da biblioteca da cidade. Em 1925, terminados os preparatórios, matriculou-se na Faculdade de Medicina de Minas Gerais, onde se graduou em 1930, tendo sido o orador da turma. Por essa época, já havia escrito diversos contos, que publicou na revista *O Cruzeiro*, do Rio de Janeiro, e ganhado quatro prêmios. Trabalhou também, em 1929, como funcionário do Serviço de Estatística de Minas Gerais e, no ano seguinte, casou-se com Lígia Cabral Pena, mudando-se para Itaguara, onde exerceu por dois anos a profissão de médico. Em 1932, por ocasião da Revolução Constitucionalista, atuou como médico voluntário da Força Pública e, em 1933, tornou-se oficial-médico do 9º Batalhão de Infantaria, em Barbacena. Essa época, embora não muito produtiva em termos literários, foi extremamente importante para sua carreira como escritor, pois, como ele mesmo declarou, "fui médico, rebelde, soldado. [...] Como médico conheci o valor místico do sofrimento; como rebelde, o valor da consciência; como soldado, o valor da proximidade da morte...".[1]

---

[1] Günter Lorenz, "Diálogo com Guimarães Rosa". In: Eduardo F. Coutinho (org.), *Guimarães Rosa*. 2. ed. Rio de Janeiro, Civilização Brasileira, 1991, p. 67.

O ano de 1934 marcou uma virada na vida profissional de Guimarães Rosa. Nesse ano, ele prestou exame para o Itamaraty e, aprovado, iniciou sua carreira como diplomata, abandonando o exercício da Medicina. Mudou-se, então, para o Rio de Janeiro, com sua esposa e as duas filhas, Vilma e Agnes, nascidas a primeira em Itaguara e a segunda durante sua estada em Barbacena. A partir dessa época, passou a dedicar-se cada vez mais à literatura e, em 1936, recebeu o prêmio da Academia Brasileira de Letras com o livro de poemas "Magma", que nunca quis publicar. Em 1937, movido pela saudade da terra, escreveu os contos que iriam formar seu futuro livro *Sagarana*, submetendo-o, com o pseudônimo de Viator, ao concurso Humberto de Campos, da Editora José Olympio, no qual obteve o segundo lugar.

Em 1938, seguiu, na qualidade de cônsul, para Hamburgo, Alemanha, seu primeiro posto como diplomata. Lá, já separado de sua esposa, conheceu Aracy Moebius de Carvalho, funcionária do Consulado, com quem veio a casar-se posteriormente. Juntos, Rosa e Aracy ajudaram muitos judeus a deixar o país. Em 1942, com o ingresso do Brasil na guerra, ele foi internado, com Cícero Dias, Cyro de Freitas e outros, em Baden-Baden. Libertado em troca de diplomatas alemães, o escritor retornou ao Brasil e, logo em seguida, foi transferido para Bogotá, como secretário da Embaixada. Durante esse período, Rosa retomou o livro de contos e, em 1946, já vivendo no Rio de Janeiro, como chefe do Serviço de Documentação do Itamaraty, publicou *Sagarana*, pela Editora Universal, obtendo extraordinário sucesso. O livro, que contou com uma nova edição apenas quatro meses depois, recebeu o prêmio da Sociedade Felipe d'Oliveira e foi aclamado como uma das mais importantes obras de ficção surgidas no Brasil naqueles últimos anos.

Os anos que se seguiram à publicação de *Sagarana* foram marcados por grande atividade na área da diplomacia, e, com relação à literatura, embora se trate de um período de labor intenso, os principais resultados só se fizeram sentir mais tarde. Ainda em 1946, nomeado chefe de gabinete do ministro João Neves da Fontoura, Guimarães Rosa foi a Paris como membro da delegação à Conferência da Paz e, em 1948, esteve em Bogotá como secretário-geral da delegação brasileira à IX Conferência Pan-americana. Nesse mesmo ano, voltou a Paris, onde permaneceu até 1951 como primeiro-secretário e conselheiro da Embaixada. De retorno ao Brasil, foi de novo nomeado chefe de gabinete do ministro João Neves e, em 1953, tornou-se chefe da Divisão de Orçamento. Alguns anos mais tarde, em 1958, viria a ser promovido embaixador. No que diz respeito a sua produção literária, Rosa publicou em 1947, no *Correio da Manhã*, uma longa reportagem poética – "Com o Vaqueiro Mariano" –, resultado de uma excursão ao Mato Grosso realizada dois anos antes; e, em 1951, saiu a terceira edição de *Sagarana*, agora pela

José Olympio. A reportagem, que foi publicada novamente em edição limitada, pela Hipocampo, em 1952, foi posteriormente incluída em seu livro *Estas Estórias* (1969). Nesse ano de 1952, Rosa realizou uma viagem ao sertão mineiro, a cavalo, no meio de vaqueiros que levavam uma boiada de Andrequicé a Araçaí, e essa experiência deixou marcas que transparecem com vigor no restante de suas obras.

O ano de 1956 foi o ano áureo da produção literária de Guimarães Rosa. Em janeiro, veio a lume *Corpo de Baile*, um conjunto de nove longas novelas, em dois volumes, que, a partir da terceira edição, se desdobrou em três livros autônomos: *Manuelzão e Miguilim* (1964), *No Urubuquaquá, no Pinhém* (1965) e *Noites do Sertão* (1965). A obra teve imensa repercussão e repetiu o sucesso de *Sagarana*. Quatro meses depois, em maio, foi publicado o que viria a ser o único romance do autor e sua obra-prima: *Grande Sertão: Veredas*, um épico de cerca de seiscentas páginas, que explorou ao máximo o universo sertanejo já presente nas obras anteriores e elevou até a última potência todas as questões apresentadas nessas obras. O livro estourou nas livrarias e despertou enorme interesse da crítica, consagrando Guimarães Rosa como um dos escritores de maior respeitabilidade no país. Além disso, rendeu-lhe três prêmios de alto prestígio: o Machado de Assis, do Instituto Nacional do Livro, o Carmen Dolores Barbosa, de São Paulo, e o Paula Brito, da municipalidade do Rio de Janeiro.

Com o impacto que essas duas obras tiveram no meio intelectual brasileiro, passaram-se alguns anos sem que Guimarães Rosa viesse a publicar novas narrativas, mas a procura por seus livros se tornou cada vez maior e sua fortuna crítica ampliou-se consideravelmente, com o surgimento de ensaios e artigos de grande qualidade, produzidos pelo que de melhor havia em termos de críticos literários no país. Em 1961, foi conferida ao autor a consagração oficial com a atribuição do prêmio Machado de Assis, da Academia Brasileira de Letras, pelo conjunto de sua obra. Nesse mesmo ano, *Sagarana* foi publicado em Portugal e três das novelas de *Corpo de Baile* foram traduzidas para o francês e publicadas pelas Éditions du Seuil.

O livro seguinte de Guimarães Rosa foi lançado em 1962, com o título de *Primeiras Estórias*. Trata-se de uma coleção de 21 pequenos contos em que o autor, deixando de lado a caudalosidade de seu *Grande Sertão: Veredas*, destaca-se justamente pela contenção, densidade e economia da linguagem. Como os anteriores, o livro alcançou também expressivo êxito e foi muito bem recebido pela crítica. Nesse mesmo ano, Guimarães Rosa assumiu, no Itamaraty, a chefia do Serviço de Demarcação de Fronteiras, em cuja função tomaria parte ativa nos futuros casos do Pico da Neblina (1965) e das Sete Quedas (1966), atividades que lhe renderam uma homenagem póstuma – a concessão de seu nome ao pico de uma montanha na fronteira com a Venezuela.

Em 1963, Guimarães Rosa candidatou-se, pela segunda vez, à Academia Brasileira de Letras, na vaga de João Neves da Fontoura, tendo sido eleito por unanimidade em 8 de agosto.

Em 1965, Guimarães Rosa já era também altamente conceituado no exterior. Vários de seus livros haviam sido traduzidos para o francês, o italiano, o inglês e o alemão, e muitas dessas traduções foram reeditadas. O *Grande Sertão: Veredas*, por exemplo, alcançou na Alemanha três edições sucessivas. Por essa época, ele começou ainda a despertar o interesse de cineastas brasileiros, que produziram as primeiras versões cinematográficas de suas obras. Em 1965, foi filmado *Grande Sertão: Veredas* e, no ano seguinte, *A Hora e Vez de Augusto Matraga*, baseado em uma narrativa quase homônima de *Sagarana*. O primeiro filme não constituiu uma experiência muito feliz, mas o segundo, dirigido por Roberto Santos, é considerado um clássico da cinematografia brasileira e até hoje é projetado em diversos festivais internacionais.

O ano de 1967 começou muito bem para Guimarães Rosa. Em abril, foi ao México, com o intuito de representar o Brasil no I Congresso Latino-Americano de Escritores, em que atuou como vice-presidente. Ao regressar, fez parte, ao lado de Jorge Amado e Antônio Olinto, do júri do II Concurso Nacional de Romance "Walmap", que premiou um livro de Oswaldo França Jr. Em julho, publicou *Tutaméia*, nova coletânea de contos, mais curtos ainda que os de *Primeiras*

Estórias. O livro traz como curiosidades o subtítulo "Terceiras Estórias", embora nunca tenha havido as segundas, e a singularidade de apresentar quatro prefácios, que constituem uma espécie de *ars poetica* do autor. Indagado por sua filha Vilma onde estavam as segundas estórias, visto que *Tutameia* se nomeava "Terceiras", Rosa lhe contestou jocosamente que era para despertar a curiosidade do leitor. O fato é que o livro, apesar de seu cunho nitidamente hermético, em que a exploração da linguagem poética atinge talvez seu ponto de maior elaboração, alcançou o mesmo sucesso dos anteriores.

Em novembro, após uma demora pouco comum de mais de quatro anos, Guimarães Rosa decidiu tomar posse na Academia Brasileira de Letras e marcou o evento para o dia 16, data em que completaria oitenta anos o seu antecessor João Neves da Fontoura. A cerimônia, em que foi saudado pelo acadêmico Afonso Arinos, constituiu um acontecimento, e seu discurso, uma das poucas páginas lidas por ele em público e em que faz a apologia do amigo João Neves, é uma peça rara, tipicamente rosiana. No dia 19 de novembro, três dias apenas após a cerimônia, que ele temia como por um pressentimento, Guimarães Rosa faleceu de enfarte quando se encontrava em casa, escrevendo em seu gabinete. A repercussão de sua morte foi imensa, não só pelo lugar que o escritor havia conquistado no panorama da literatura brasileira do século XX, como também pelas circunstâncias que a cercaram. Uma grande quantidade de pessoas dirigiu-se ao seu velório na Academia Brasileira de Letras e ao enterro no cemitério São João Batista. A imprensa dedicou espaço considerável à cobertura do acontecimento e, principalmente, a homenagens ao autor e a artigos e estudos críticos sobre sua obra. Por essa época, Rosa era também bastante conhecido no exterior, tanto pelas traduções de suas obras quanto pelos estudos críticos que vinham sendo realizados sobre ele em universidades estrangeiras, e a imprensa internacional também notificou amplamente o fato.

Além das obras mencionadas, publicadas por Guimarães Rosa, é mister lembrar que ele também colaborou em duas obras coletivas: *O Mistério dos M M M*, um romance escrito com Viriato Correia, Dinah Silveira de Queiroz, Lúcio Cardoso, Herberto Sales, Jorge Amado, José Condé, Antonio Callado, Orígenes Lessa e Rachel de Queiroz, sob a coordenação de João Condé, e publicado no Rio de Janeiro, por *O Cruzeiro*, em 1962, e *Os Sete Pecados Capitais*, em colaboração com Otto Lara Resende, Carlos Heitor Cony, Mário Donato, Guilherme Figueiredo, José Condé e Lygia Fagundes Telles, publicado também no Rio de Janeiro, pela editora Civilização Brasileira, em 1964.

Em 1968, comemorando um ano de sua morte, a editora José Olympio publicou o volume *Em Memória de João Guimarães Rosa*, onde foram reunidos, além de trabalhos de tipos diferentes sobre o escritor e o homem, o discurso de sua posse na Academia Brasileira de Letras, intitulado "O Verbo e o Logos", e o de recepção, de Afonso Arinos de Melo Franco. Foram também incluídos o discurso proferido pelo então presidente da Academia, Austregésilo de Athayde, no dia do enterro de Rosa, e os das sessões especiais que lhe dedicaram a Academia e o Conselho Nacional de Cultura, do qual ele também era membro. Acrescidas ao volume encontram-se uma bibliografia ativa e passiva do autor, feitas por Plínio Doyle, e farta iconografia. O volume se inicia com um poema de Carlos Drummond de Andrade sobre o autor, um "Perfil de João Guimarães Rosa", por Renard Perez, um texto de Graciliano Ramos sobre o concurso a que Rosa concorrera com a primeira versão de *Sagarana*, à época intitulada simplesmente "Contos", e o parecer do júri que avaliou "Magma".

Nos anos de 1969 e 1970 foram publicados, ainda pela editora José Olympio, com nota introdutória de Paulo Rónai, grande amigo do escritor, os volumes *Estas Estórias* e *Ave Palavra*. O primeiro inclui oito contos, quatro dos quais divulgados durante a vida do autor, e a reportagem "Com o Vaqueiro Mariano". São contos que se inserem na mesma linha de reflexão do autor e vêm ampliar ainda mais o trabalho de ourivesaria da linguagem, realizado ao longo de toda a sua vida, e de esmero na técnica de narrar. O segundo livro reúne 37 textos, por ele considerados definitivos, sobre assuntos variados (notas de viagem, diários, poesias, contos, flagrantes, reportagens poéticas e meditações) publicados também na imprensa, no período de 1947 a 1967, além de outros treze em que ele começara a trabalhar para esse volume, quatro dos quais inéditos. Foram acrescentadas ainda cinco crônicas, quatro das quais já publicadas, que fariam parte de outro pequeno livro, *Jardins e Riachinhos*.

Outros textos de Guimarães Rosa foram publicados postumamente. Em 1972, saiu, pelo Instituto Cultural Ítalo-Brasileiro de São Paulo, o volume *J. Guimarães Rosa – Correspondência com o Tradutor Italiano Edoardo Bizzarri (1962-1967)*, que reúne a troca de cartas que ele manteve com este durante o processo de tradução de *Corpo de Baile* para o italiano. Em 1973, foi lançada sua *Seleta*, organizada por Paulo Rónai para a Coleção Brasil Moço, da editora José Olympio. Em 1975, foi publicada pela editora Duas Cidades uma série de cartas enviadas por Guimarães Rosa a Paulo Dantas, que as editou sob o título *Sagarana Emotiva*. Em 1997, sessenta anos depois de sua premiação, saiu a primeira edição de *Magma*, satisfazendo, assim, a curiosidade dos admiradores e estudiosos da obra rosiana, até então somente familiarizados com sua escrita em prosa. Finalmente, em 2003, foram publicadas mais duas compilações de cartas do autor: *Ooó do Vovô: Correspondência de João Guimarães Rosa, Vovô Joãozinho, com Vera e Beatriz Helena Tess*, pela Edusp/Imprensa Oficial, e *João*

Guimarães Rosa. Correspondência com seu Tradutor Alemão Curt Meyer-Clason (1958-1967), organizada por Maria Apparecida Faria Marcondes Bussolotti e publicada pela Universidade Federal de Minas Gerais em convênio com a Nova Fronteira. Desde a publicação de suas primeiras obras, o interesse por Guimarães Rosa é crescente, não só no meio intelectual e acadêmico, que de imediato o acolheu com entusiasmo (salvo, evidentemente, algumas exceções), mas também por parte do público em geral, o que atesta a enorme quantidade de edições que se sucedem de seus textos, o número de traduções que foram feitas para os mais diversos idiomas e a espantosa abundância de estudos críticos, inclusive números especiais de revistas, teses e dissertações universitárias, que se vêm produzindo sobre os mais variados aspectos de sua vasta produção. Essa fortuna crítica, que cresce assustadoramente a cada ano, tanto no Brasil quanto no exterior, deu origem, em 1983, ao volume *Guimarães Rosa*, organizado por Eduardo F. Coutinho e publicado pela Civilização Brasileira, que teve ainda uma segunda edição em 1991. Em 1994, foi também publicada, desta vez pela Nova Aguilar, a edição *João Guimarães Rosa. Ficção Completa*, em dois volumes, que contém também uma ampla bibliografia de e sobre o autor, reeditada e atualizada em 2009; e, em 2006, saiu um número especial de *Cadernos de Literatura Brasileira*, do Instituto Moreira Salles, dedicado inteiramente ao autor, também com ampla bibliografia ativa e passiva.

Mas o interesse pela obra de Guimarães Rosa não para aí. Além da tradução para outros idiomas, os contos, as novelas e o romance de Guimarães Rosa vêm sendo traduzidos intersemioticamente para outros meios, como o cinema, o teatro, a dança, a música e a televisão, onde encontraram expressões por vezes muito bem-sucedidas. No cinema, pode-se citar, além do já mencionado *A Hora e Vez de Augusto Matraga*, *A Terceira Margem do Rio* (1994), de Nelson Pereira dos Santos, e mais recentemente *Mutum*, de Sandra Kogut; no teatro, *Vau da Sarapalha* (1992), dirigida por Luiz Carlos Vasconcellos, e as leituras dramáticas de Guimarães Rosa feitas pelo grupo Os Miguilins, de Cordisburgo; na música, *A Terceira Margem do Rio* (1994), composta por Milton Nascimento e Caetano Veloso; e na TV, a minissérie *Grande Sertão: Veredas* (1985), baseada em roteiro de Walter George Durst e dirigida por Walter Avancini.

A OBRA DE GUIMARÃES ROSA

EM SEU CONJUNTO

GUIMARÃES ROSA É GERALMENTE CONSIDERADO pela crítica como um autor da chamada "Terceira Geração" do Modernismo, geração que se caracterizou, entre outras coisas, por uma acentuada preocupação com os meios de expressão literária, com o sentido "estético" do texto, e por demonstrar, na maioria dos casos, profunda consciência do caráter de ficcionalidade da obra, de sua própria literariedade. Ele levou essa preocupação a tal ponto, que efetuou em suas obras uma verdadeira revolução da linguagem narrativa, erigindo-se como um marco na prosa de ficção brasileira do século XX. No entanto, é preciso observar que a ruptura efetuada por Guimarães Rosa, longe de constituir mera obsessão formal, como poderia ser interpretada à primeira vista, era antes uma proposta estético-política de cunho mais abrangente, que se traduzia em premissas, como a formulada por ele mesmo em entrevista ao crítico Günter Lorenz, de que "somente renovando a língua é que se pode renovar o mundo".[1]

---

[1] Günter Lorenz, "Diálogo com Guimarães Rosa". In: Eduardo F. Coutinho (org.), *Guimarães Rosa*. 2. ed. Rio de Janeiro, Civilização Brasileira, 1991, p. 88.

À época em que Guimarães Rosa produziu suas primeiras narrativas – os contos incluídos no volume *Sagarana* –, o tipo de ficção predominante no meio intelectual brasileiro era ainda o romance dos anos de 1930, com seu veio épico acentuado e um tônus marcadamente de protesto, mas calcado em uma linguagem que, por se subordinar muitas vezes à função de denúncia, tornava-se frequentemente descritiva, voltada para o aparente e convencional, não se diferençando muito, a despeito da maior ênfase sobre o coloquial, da utilizada em finais do século XIX pelos adeptos do real-naturalismo. Ciente do paradoxo em que havia incorrido a ficção anterior, que expressava ideias revolucionárias, mas através de um discurso automatizado e baseado na convicção de que "o melhor dos conteúdos de nada vale se a língua não lhe faz justiça",[2] Rosa definiu como uma de suas principais metas a tarefa de revitalizar a linguagem com o fim de fazê-la recobrar sua *poiesis* originária e atingir o leitor, induzindo-o à reflexão. Desse modo, mergulhou de corpo e alma nos meandros da linguagem, violando constantemente a norma e substituindo o lugar-comum pelo único, ou melhor, abandonando as formas cristalizadas e dedicando-se à busca do inexplorado, do metal que, como ele próprio afirma, se esconde "sob montanhas de cinzas".[3]

---

[2] Ibidem, p. 88-89.
[3] Ibidem, p. 83.

Os procedimentos empregados por Guimarães Rosa para revitalizar a linguagem narrativa são muitos e variados e se estendem do plano da língua *stricto sensu* ao do discurso narrativo. No primeiro caso, pode-se mencionar, a título de amostragem, a desautomatização de palavras que haviam perdido sua energia primitiva e adquirido sentidos fixos, associados a um contexto específico (por exemplo, palavras como "sertão" no romance regionalista), de expressões que se haviam tornado vagas e enfraquecidas, encobertas com significações que escondiam seu viço originário, e da sintaxe como um todo que havia abandonado suas múltiplas possibilidades e se limitara a clichês e estereótipos. No segundo caso, destacam-se, entre um vasto leque de recursos, a ruptura da linearidade tradicional e das relações de causa e efeito na narrativa, que cedem lugar à simultaneidade e à multiplicidade de planos espaciais, o emprego de técnicas híbridas, como o monólogo-diálogo e a fusão dos gêneros tradicionais, e, finalmente, a coexistência, na maioria das narrativas, de uma linguagem-objeto e uma metalinguagem, que sinaliza a todo instante a consciência de ficcionalidade da obra. Contudo, a despeito das diferenças indicadas, tais procedimentos têm uma base comum, constituída de dois estágios: a eliminação de toda conotação adquirida com o tempo e desgastada pelo uso, e a exploração das potencialidades da linguagem, da face oculta do signo ou, para empregar as palavras do próprio Rosa, do "ileso gume do vocábulo pouco visto e menos ainda ouvido, raramente usado, melhor fora se jamais usado".[4]

Essa infração à norma, efetuada por Guimarães Rosa ao longo de toda a sua obra, e a consequente exploração das potencialidades do sistema não só linguístico em seu sentido estrito, como também do discurso narrativo, são talvez a maior expressão da postura comprometida do autor, que vê a participação do leitor como elemento indispensável em seu próprio processo criador. Para Guimarães Rosa, a linguagem é um poderoso instrumento de ação na medida em que, ao expressar ideias, pode atuar sobre os indivíduos, levando-os à reflexão. Mas como esse poder da linguagem se enfraquece sempre que suas formas se acham desgastadas e condicionadas a uma visão de mundo específica, é preciso renová-las constantemente, e o ato de renovação se reveste de um sentido ético que o próprio Rosa explicita ao referir-se, com bela imagem, ao "compromisso do coração" que, conforme acredita, todo escritor deve ter. A linguagem corrente está desgastada pelo uso e, por conseguinte, "expressa apenas clichês e não ideias";[5] assim, é missão do escritor explorar a originalidade da expressão linguística, de modo que ela possa recuperar seu poder, tornando-se novamente apta a atuar sobre os indivíduos. É por essa

---
[4] João Guimarães Rosa, *Sagarana*. 2. ed. Rio de Janeiro, Editora Universal, 1946, p. 215.
[5] Günter Lorenz, "Diálogo com Guimarães Rosa", op. cit., p. 88.

razão que declara que a poesia "se origina da modificação de realidades linguísticas"[6] e, em seguida, conclui que todo verdadeiro escritor é também um revolucionário, porque, ao restaurar o poder de ação da linguagem, está ao mesmo tempo espalhando sementes de possíveis transformações.

Com a renovação do *dictum* poético, empreendida por Guimarães Rosa, o leitor é induzido a pensar, a refletir a todo instante, e se transforma de mero consumidor em um participante ativo do processo criador. O autor está ciente do fato, como ele mesmo afirma com as palavras do narrador de *Grande Sertão: Veredas*, de que "toda ação principia mesmo é por uma palavra pensada. Palavra pegante, dada ou guardada, que vai rompendo rumo";[7] assim, fornece ao leitor esta "palavra", por meio das inovações que introduz, e, ao estimular sua reflexão e consequente participação na construção da própria obra, faz dele um grande questionador, um desbravador de caminhos. Para Guimarães Rosa, o leitor, como aliás todo ser humano, é sempre um perseguidor, um indivíduo inteiramente construído sob o signo da busca, e é essa indagação que deve ser constantemente estimulada pelo escritor. A Rosa não basta, por exemplo, tecer uma crítica, por mais veemente que seja, a determinada realidade,

---

[6] Ibidem, p. 92.
[7] João Guimarães Rosa, *Grande Sertão: Veredas*. 2. ed. Rio de Janeiro, José Olympio, 1958, p. 170.

se essa crítica não se fizer acompanhar de uma reestruturação da linguagem sobre a qual se erige. A revolução na literatura deve partir de dentro, da própria forma literária, se se quer atingir o leitor de maneira mais plena, e é esse o sentido último da revolução estética que ele realiza.

Mas apesar do papel que a busca de uma nova expressão literária desempenha na obra de Guimarães Rosa e da importância de sua revolução da linguagem no panorama da literatura brasileira do século XX, não é esse o único aspecto de sua narrativa que merece destaque. Escritor regionalista no sentido de que utiliza como cenário de suas estórias o sertão das Gerais e como personagens os habitantes dessa região, o autor transcende os parâmetros do regionalismo tradicional ao substituir a ênfase até então atribuída à paisagem pela importância dada ao homem – pivô de seu universo ficcional. Enquanto em uma narrativa regionalista tradicional, seja ela de tipo exótico ou de natureza crítica, a paisagem ocupa o centro da obra e o homem é relegado a um plano secundário como mero representante da região em foco (ele é o gaúcho ou o sertanejo, por exemplo), na ficção rosiana ele constitui o eixo motriz e a paisagem é vista através dele. O homem não é mais retratado apenas em seus aspectos típicos ou específicos, mas antes apresentado como um ser múltiplo e contraditório e em tantas de suas facetas quanto possível. Do mesmo modo, o sertão, a paisagem que dá forma a suas narrativas, não é apenas a recriação literária de uma área geográfica específica, tanto em seus aspectos físicos quanto socioculturais, mas também, e principalmente, a representação de uma região humana, existencial, viva e presente na mente de seus personagens.

Os personagens que integram o universo ficcional de Guimarães Rosa, desde os contos de *Sagarana* até as narrativas densas e condensadas de *Tutameia*, são figuras extraídas do sertão mineiro, onde o autor nasceu e se criou, e que constitui o cenário de suas estórias. Mas em momento algum eles se instituem como meros tipos representativos dessa região. As marcas regionais estão presentes em sua configuração e se refletem o tempo todo na maneira como se relacionam com o mundo, em seu próprio jeito de ser, mas nunca a ponto de determinar a dimensão de seu viver. A perspectiva determinista, responsável pelo cunho de unilateralidade com que se construíram protagonistas de romances naturalistas, e que ainda prevaleceu em obras da geração de 1930, não tem mais lugar na narrativa rosiana. Aqui, homem e natureza, longe de constituírem duas entidades distintas, frequentemente postas em conflito, são antes os dois lados de um todo integral que se complementam um ao outro. Os heróis de Guimarães Rosa continuam a ser tipos no sentido de que expressam seu caráter coletivo – sua região ou sociedade e a função que desempenham neste contexto – em cada um de seus atos, mas transcendem sua tipicidade pela ampla dimensão humana de que são dotados.

Do mesmo modo que o homem, também a paisagem presente no universo rosiano não é apenas a descrição acurada de uma realidade física – o sertão mineiro –, mas antes a recriação, o mais completa possível, de uma realidade sem fronteiras. Não há dúvida de que se trata de uma área específica do interior do Brasil, como se pode observar pela abundância de referências geográficas precisas que povoam toda a obra, mas sua dimensão não se restringe a esse aspecto. Ela é também, ou até principalmente, o espaço existencial dos personagens, e a reconstituição, pela narração, de uma região humana e universal. Enquanto na ficção regionalista anterior a região era geralmente abordada por uma perspectiva unilateral, ora como refúgio pitoresco, ora como terra inóspita que traga e destrói o homem, e era sempre retratada por uma série de clichês, na narrativa rosiana ela se configura como realidade viva e dinâmica, profunda e contraditória, dada a conhecer ao leitor através da visão e experiência existencial de seus habitantes. Ela é, assim, além de uma região localizada geograficamente, um sertão-mundo e um sertão conscientemente construído na linguagem, ou seja, um universo que ultrapassa a pura referencialidade e se institui como espaço eminente da criação.

Essa perspectiva regionalista mais ampla, baseada no caráter não excludente de termos aparentemente opostos, não é, porém, um fenômeno isolado na obra rosiana. Ao contrário, faz parte de uma concepção geral da realidade como algo múltiplo e em constante transformação, que se deve representar na arte de maneira também fluida e globalizante, isto é, por meio de uma forma que procure apreendê-la em tantas de suas facetas quanto possível. O universo ficcional rosiano não é jamais estático, nem nunca construído em um único nível. O mito e a fantasia, por exemplo, integram-no tanto quanto a lógica racionalista, e todos esses elementos são tratados em pé de igualdade pelo autor. Homem do sertão brasileiro, região marcada profundamente pelo mistério e o desconhecido, mas ao mesmo tempo dotado de enorme erudição, proveniente de sua formação e vivência no seio da tradição ocidental, Guimarães Rosa rompe com a hierarquia frequentemente estabelecida entre o *logos* e o *mythos* e apresenta ambos os elementos, produtos que são do discurso, em constante tensão em suas narrativas.

O mito e a fantasia, bem como os demais níveis de realidade que transcendem a lógica racionalista, acham-se presentes na obra rosiana, dos relatos de *Sagarana* às estórias de *Tutameia*, de formas as mais variadas: superstições e premonições, crença em aparições, devoções a curandeiros e videntes, misticismo e temor religioso, como o temor ao diabo, e certa admiração pelo mistério e o desconhecido. Tais elementos constituem parte integrante do complexo mental do homem do sertão e não podem, segundo o autor, estar ausentes de suas narrativas, pois, como ele próprio afirma em sua entrevista a Lorenz, "para entender a 'brasilidade' é importante antes de tudo aprender a reconhecer que a sabedoria é algo distinto da lógica".[8] No entanto, em momento algum a perspectiva racionalista é abandonada. Guimarães Rosa está consciente de que o sertanejo é um ser dividido entre dois universos distintos, de ordem mítico-sacral e lógico-racional, e o que faz é pôr em xeque a tirania do racionalismo, condenar sua supremacia sobre os demais níveis de realidade. Rosa não rejeita o racionalismo como uma entre outras possibilidades de apreensão da realidade, mas procede a uma relativização de sua autoridade, do cunho hegemônico e dogmático que este adquiriu na tradição ocidental. Nesse sentido, questiona a todo instante o realismo tradicional em suas obras e insinua frequentemente a viabilidade do mito, mas tampouco se encerra na perspectiva deste último. Ao contrário, todas as vezes que afirma algo passível de sugerir a adoção de uma visão quer mítica, quer racionalista dos fatos, segue-se imediatamente uma contrapartida, e ambas as categorias se inserem no reino das possibilidades.

O questionamento da lógica racionalista é, sem dúvida, um dos traços mais significativos da obra rosiana e se expressa, além dos aspectos citados, pela simpatia que o autor devota a todos aqueles seres que, não encarando a vida por uma

---

[8] Günter Lorenz, "Diálogo com Guimarães Rosa", op. cit., p. 92.

óptica predominantemente racionalista, inscrevem-se como marginalizados na esfera do "senso comum". É o caso de loucos, cegos, doentes em geral, criminosos, feiticeiros, artistas populares e, sobretudo, crianças e velhos, que, por não compartilharem a visão pragmática do adulto comum, impregnam a ficção do autor com sua sensibilidade e percepção aguçadas. Essa galeria de personagens intuitivos, a que se acrescentam também outros dominados por estados de "desrazão" passageiros, como a embriaguez ou a paixão, figuram ora como secundários, ora como protagonistas das estórias de Rosa, mas em ambos os casos são eles que conferem com frequência o tom de todo o texto. Não só o foco narrativo recai diversas vezes sobre eles, construindo-se o relato a partir de sua perspectiva, como é deles que emana a *poiesis* a iluminar as veredas narrativas. Lúcidos em sua loucura, ou sensatos em sua aparente insensatez, os tipos marginalizados que povoam o sertão rosiano põem por terra as dicotomias do racionalismo, afirmando-se nas suas diferenças. E, ao erigir este universo, em que a fala dos desfavorecidos se faz também ouvir, Rosa efetua uma verdadeira desconstrução do discurso hegemônico da lógica ocidental e lança-se na busca de terceiras possibilidades, tão bem representadas pela imagem, síntese talvez de toda a sua obra, que dá título ao conto "A Terceira Margem do Rio".

A contestação da lógica dicotômica, alternativa, da tradição cartesiana, em favor da busca de uma pluralidade de caminhos, é uma das tônicas de toda a ficção rosiana e acha-se presente em cada elemento das narrativas do autor, desde os personagens e o espaço até a linguagem utilizada. A obra de Guimarães Rosa é uma obra plural, híbrida, indagadora, marcada pela ambiguidade e pelo signo da busca, que se ergue como uma constelação de elementos muitas vezes opostos e contraditórios. Regional e universal, mimética e consciente de seu próprio caráter de ficcionalidade, "realista" e "antirrealista", ela é, por excelência, um produto do século XX, uma arte de tensões e relatividade e, ao mesmo tempo, a perfeita expressão do contexto de onde emerge, uma terra que só pode ser compreendida quando vista como um grande amálgama de culturas. Nessa espécie de "suma crítica", não há valores absolutos ou afirmações categóricas, mas antes caminhos a serem trilhados, um amplo espectro de possibilidades.

★

Quando *Sagarana* veio a lume em 1946, os críticos ficaram tão perplexos com as novidades introduzidas pelo autor no processo de narração que um grande número de estudos seguiu-se a sua publicação, e Guimarães Rosa logo conquistou um amplo público ledor. A maioria desses estudos, entretanto, tomou como foco dois aspectos da obra: a questão da linguagem e do discurso narrativo, que chamou a atenção de imediato, e o tratamento dado à região, que rompeu, pelas razões anteriormente mencionadas, com todas as perspectivas adotadas até então pelo regionalismo tradicional. *Sagarana* é uma coleção de nove estórias, cada uma das quais independente, mas a visão de mundo nelas expressa lhes confere uma unidade, podendo visualizar-se o conjunto como um mosaico multicolorido. Elas são a expressão física, psicológica e sociológica do sertão mineiro, com seus hábitos e idiossincrasias recriados pela arte.

Em *Sagarana*, a região se apresenta em toda a sua crueza e concretude; ela é pintada em seus aspectos físicos e geográficos, com sua fauna, flora, clima e hidrografia, bem como nos costumes de seu povo e em seu sistema social e econômico. Mas apesar da presença maciça desses elementos e da maneira fiel e pormenorizada com que são frequentemente descritos, a obra transcende o regionalismo no sentido estrito do termo. A região que se encontra presente nas páginas do livro é menos uma realidade geográfica específica que uma espécie de microcosmo: é uma região misteriosa, ilimitada, onde o homem vive em busca constante de si mesmo e do sentido de sua existência. E os personagens das narrativas, mais do que tipos particulares, são homens de todos os tempos e lugares, vivendo com suas contradições e atuando em situações que não passam da representação da vida diária, sobretudo em seus momentos de maior tensão. Lalino Salãthiel em "A Volta do Marido Pródigo" e Nhô Augusto Matraga em "A Hora e Vez de Augusto Matraga", bem como os protagonistas de "Duelo", "Sarapalha", "Minha Gente", "São Marcos" e "Corpo Fechado", são, sem dúvida, representantes típicos do sertão que enfrentam uma série de problemas bastante relevantes na região, como a malária, em "Sarapalha", a feitiçaria, em "São Marcos", superstição e banditismo, em "Corpo Fechado", vingança, em "Duelo", machismo, em "A Volta do Marido Pródigo", e a exploração social e o fervor religioso, em "A Hora e Vez de Augusto Matraga". No entanto, são também seres humanos no sentido pleno, cujos conflitos, longe de se restringirem à região em que vivem, são comuns a todos os homens em todo tempo e lugar (haja vista o clássico conflito entre o bem e o mal, que domina a visão de Augusto Matraga).

Nesse universo, em que a natureza não é apenas cenário, mas a expressão viva do caráter coletivo de seus habitantes, o homem nem sempre é o protagonista das estórias. Essa posição é ocupada às vezes por animais, como é o caso do burrinho, em "O Burrinho Pedrês", e dos bois, em "Conversa de Bois", e quando isso acontece os animais são apresentados não como espelhos do homem, como nas fábulas ou apólogos, mas como animais mesmo, dotados de um conhecimento intuitivo ("O Burrinho Pedrês"), e a narrativa é relatada metaforicamente pela perspectiva deles, como é o caso de "Conversa de Bois", em que os animais expressam sua visão do homem e da vida, construindo um tipo de teoria filosófica da espécie humana. Mesmo nessas narrativas, em que os protagonistas são animais, o foco nunca recai na descrição da cor local, nem o autor se mostra preocupado com a veracidade dos episódios. A região para Rosa é uma região da arte, um mundo criado na linguagem. Ele é, antes de mais nada, um grande contador de estórias, para quem o que importa acima de tudo é o relato, e não os fatos em si, e uma de suas grandes realizações é a restauração da velha técnica de narrar estórias. Seus enredos não são jamais lineares, mas antes constantemente interrompidos por um grande número de estórias intercaladas, e narrar é uma necessidade vital para ele.

Ao intitular seu livro *Sagarana*, com esta palavra formada do radical germânico *saga* e do sufixo tupi -*rana*, Guimarães Rosa já define sua posição a respeito da linguagem. O termo híbrido, composto de elementos de línguas que não têm nenhuma relação, indica sua ruptura com todo tipo de convenção e proclama sua aderência a um conceito de liberdade estética. Daí por diante, ele usaria os elementos que lhe parecessem mais adequados para expressar sua visão do mundo, independente do fato de serem considerados gramaticalmente corretos ou de corresponderem a qualquer realidade externa. Esse programa estético foi não só posto em prática em sua narrativa, como também frequentemente explicitado, como no conto "São Marcos", em que ele expõe, de modo altamente poético, sua teoria da revitalização da linguagem literária. Mas a linguagem, para Guimarães Rosa, não é apenas uma experiência literária; mais do que isso, é algo que se identifica com a ação. A palavra para ele tem o peso de um ato e, com frequência, determina o destino de seus personagens. Em "Sarapalha", por exemplo, é a confissão ingênua de um sentimento que causa a ruptura de uma velha amizade entre os protagonistas e os condena à solidão; em "Duelo", é a promessa feita a um homem no momento de sua morte que leva ao assassinato de um dos personagens principais; e em "São Marcos", são as palavras de uma oração que revelam ao protagonista o segredo de seu infortúnio, salvando-o no final. Em todos esses casos, a palavra reveste-se de poder, e essa é a crença que Rosa dissemina ao longo de suas narrativas.

Com a publicação de *Corpo de Baile* em 1956, Guimarães Rosa deixou de lado temporariamente o conto e apresentou uma série de sete novelas. A primeira edição deste livro compôs-se de dois grossos volumes, mas a partir da terceira edição, a obra foi dividida em três, com o título original transformado em subtítulo: *Manuelzão e Miguilim* (1964), *No Urubuquaquá, no Pinhém* (1965) e *Noites do Sertão* (1965). Em *Corpo de Baile*, os elementos que formam o universo de *Sagarana* não só continuam presentes, como se acham amplamente desenvolvidos, máxime no que concerne às inovações linguísticas e estruturais. O assunto dessas narrativas é o mesmo das anteriores, mas os temas apresentam maior variedade e são mais profundamente explorados. Os conflitos existenciais do homem ganham aqui uma dimensão maior e a realidade é focalizada por uma perspectiva mais ampla. Nessas narrativas, o mito e a fantasia desempenham um papel relevante e a razão geralmente está com aqueles que põem em xeque o *status quo*.

Do mesmo modo que em *Sagarana*, o sertão em *Corpo de Baile* é uma região dupla, ambígua, e seus habitantes são seres divididos entre um mundo lógico-racional e outro mítico-sacral. Todavia, a importância da intuição é tão acentuada nessas novelas, que o mito parece às vezes dominar a visão do mundo do autor. Ele se encontra presente em todas as suas formas na atitude do homem perante a vida e frequentemente constitui a única maneira de abordar o mistério da existência. Além disso, há toda uma população de seres predominantemente intuitivos no livro, e esses personagens ocupam em muitos casos o foco das atenções. Nesse universo em que a intuição tem um papel decisivo no processo de apreensão da realidade, a infância acha-se muito bem representada, e não é à toa que a primeira narrativa da série está centrada em torno da figura de um menino de oito anos, Miguilim. Embora a estória lide com o processo de crescimento do menino e se refira constantemente às mudanças por que ele passa, sua visão do mundo está presente ao longo de toda a narrativa e é com frequência contrastada à dos adultos. Enquanto esta última é, em geral, predominantemente racionalista e voltada a um sentido pragmático, calcado na própria sobrevivência, a perspectiva do menino é imaginativa e perspicaz, e expressa uma sabedoria mais próxima da imediatez das coisas.

A empatia que o autor sente pela criança é extensiva em *Corpo de Baile* a todos aqueles personagens que, por não colocarem a razão acima de tudo em suas vidas, são marginalizados pelo mundo cotidiano dos adultos. Dentre esses personagens, os velhos ocupam um lugar de relevo – citem-se como exemplos a velhinha sábia de "A Estória de Lélio e Lina" e o casal Manuelzão e Joana Xaviel de "Uma Estória de Amor" –, mas a galeria não estaria completa sem os loucos, cegos, doentes, criminosos, feiticeiros e artistas populares tão abundantes nessas novelas. Além disso, em "O Recado do Morro", esses personagens chegam a formar um grupo especial de grande significância. Essa estória, em que um homem se salva do assassinato após decodificar uma mensagem transmitida por uma cadeia de seres intuitivos, tem, aliás, sido frequentemente vista como uma espécie de apologia do pensamento antirracionalista. Mas se o mito e a intuição se acham na base das novelas de *Corpo de Baile*, a emoção também constitui um de seus elementos fundamentais. O livro como um todo é uma sinfonia, um repositório de sentimentos e sensações, e o conflito emocional está no cerne de muitas das narrativas. Em "Buriti", é na paixão e no amor carnal que reside a tensão do relato, e em "Dão-Lalalão", todas as motivações da ação estão fundadas nos ciúmes e na insegurança. O amor é um tema recorrente, presente de forma distinta em quase todas as estórias, e também nessa esfera são vistos com mais simpatia os personagens que fogem ao senso comum e questionam o estabelecido. A emoção na obra rosiana é um estado quase sagrado, é experiência estética elevada à máxima potência, um estágio especial em que arte e vida se confundem. Daí o sentido da busca empreendida pelo vaqueiro Grivo na novela "Cara-de-Bronze": a moça que o rapaz procura desesperadamente em sua vida é a poesia em seu sentido mais pleno.

Os experimentos linguísticos e estruturais iniciados em *Sagarana* são também amplamente desenvolvidos em *Corpo de Baile*, e um dos aspectos mais explorados aqui é a fusão de elementos tradicionalmente considerados incompatíveis, como os que caracterizam a prosa em oposição à poesia ou que distinguem um gênero literário de outro. Esse tipo de compartimentação nunca foi aceito pelo autor, que o via como uma grande limitação. Sua prosa, ao contrário, acha-se repleta de traços considerados próprios da poesia, como a onomatopeia, a aliteração, a rima e o ritmo, e esses recursos são empregados com tanta frequência (vide a novela "Uma Estória de Amor") que, na terceira edição de *Corpo de Baile*, o autor chega a definir suas narrativas como poemas. Essa mistura de gêneros atinge talvez seu ponto máximo na novela "Cara-de-Bronze", que mescla a estrutura de uma narrativa com a de um poema, um drama e até um roteiro de cinema. Aqui também, como no livro anterior, as preocupações teóricas de Guimarães Rosa são explicitadas no texto das estórias, e a linguagem frequentemente constitui um elemento fundamental da estrutura temática da narrativa. É nas palavras de uma estória intercalada que o protagonista de "Uma Estória de Amor" encontra a chave para sua paz de consciência, e nas palavras de uma canção popular que o herói de "O Recado do Morro" se dá conta da armadilha que havia sido preparada para destruí-lo. Finalmente, é na própria linguagem, ou na relação entre poesia e vida, que a narrativa de "Cara-de-Bronze" está centrada.

No mesmo ano de *Corpo de Baile* e com um intervalo de apenas quatro meses, Guimarães Rosa publica sua obra de mais fôlego, o romance *Grande Sertão: Veredas*, única experiência do autor no gênero. O livro é uma espécie de síntese de toda a sua obra anterior, uma vez que nele não só convergem todos os aspectos já presentes em seus contos e novelas, como também esses mesmos aspectos são amplamente desenvolvidos e tratados com mais vagar e aprofundamento. O impacto causado pela publicação da obra foi imenso no meio intelectual brasileiro, mudando completamente o conceito de "regionalismo" ainda vigente, bem como a noção do próprio "romance", que passa a ter uma estrutura livre das amarras anteriores, não se atendo mais necessariamente a uma coerência lógica e cronológica. A narrativa de *Grande Sertão: Veredas* faz-se como um fluxo contínuo, sem nem sequer se dividir em capítulos, e começa com uma pergunta que é retomada, mas deixada em aberto no final, sugerindo que o importante para o autor é a indagação, o questionamento que ele empreende de toda visão cristalizada do real. O *Grande Sertão: Veredas* é não só um marco na ficção brasileira, como também uma das obras que conquistaram espaço incontestável no quadro das grandes narrativas do século XX, e seu sucesso é atestado tanto pela quantidade de suas reedições quanto pelo número de traduções que se fizeram para idiomas os mais diversos. Como esta obra será discutida detalhadamente mais adiante, limitamo-nos aqui a esta breve menção com o fim de situá-la no contexto da produção do autor.

Com seu livro seguinte, *Primeiras Estórias*, Guimarães Rosa retorna ao gênero conto. No entanto, ao utilizar o neologismo *"estórias"* (do inglês *story*, em oposição a história), precedido do ordinal "primeiras", o autor, além de chamar a atenção para a distinção já existente naquele idioma, marca também uma diferença com relação aos textos de *Sagarana*. Os contos de *Primeiras Estórias* são muito mais condensados e caracterizam-se por um tom filosófico acentuado. São ainda de tipo mais lírico e mais livres da estrutura tradicional do enredo. O livro compõe-se de 22 narrativas curtas, que constituem esboços da vida no sertão, baseados em assuntos variados, mas sobre temas não muito distantes, sempre voltados a uma preocupação com a relação do ser humano com o mundo. A realidade é apresentada por perspectivas diversas e os personagens são sempre focalizados em sua dinâmica e multiplicidade, mas as motivações que os levam a atuar têm frequentemente a mesma base: decifrar o mistério da vida e o sentido da existência humana.

Nesse universo, em que a vida se apresenta como mistério e perplexidade e a relatividade é a única maneira de apreender a realidade, o racionalismo e o senso comum são constantemente postos em xeque. Não é à toa que muitas das estórias são narradas da perspectiva de uma criança ou têm como centro a questão da loucura, aqui vista como uma forma mais lúcida de encarar a realidade. As crianças de *Primeiras Estórias* são seres especiais, dotadas de uma sensibilidade que os adultos não possuem, e os loucos são videntes que enxergam além da aparência e fazem-se respeitar exatamente em virtude dessa sua sabedoria. A importância do mundo infantil fica evidenciada na obra pela maneira como é tratada a sensibilidade da criança na primeira e última narrativas, em que um menino vivencia um forte conflito entre o bem e o mal em dois momentos extremos de sua vida, mas é em "A Menina de Lá" e "Partida do Audaz Navegante" que o contraste entre o mundo da criança e o do adulto se estabelece com mais clareza. A primeira é a estória de uma menina que é tomada como milagreira, e a segunda, o caso de outra que vê coisas que, embora sejam lógicas, não são percebidas por mais ninguém. Mas cabe ainda mencionar nesse conjunto mais duas narrativas que têm a criança como centro: "Pirlimpsiquice", a estória de um grupo de meninos que cria uma peça de teatro paralela à que eles estão representando, e "Nenhum, Nenhuma", em que o relato é filtrado pela memória de um menino.

Muitas são as narrativas de *Primeiras Estórias* baseadas na questão da loucura e, em todas elas, a perspectiva unilateral normalmente adotada nesses casos é substituída pela eliminação de qualquer tipo de barreira entre loucura e sanidade. Em "A Benfazeja", por exemplo, uma mulher louca, que assassinou o marido, é revelada como uma pessoa sensível, cujos sentimentos merecem respeito, e em "Tarantão, meu Patrão", o homem louco, que empreende uma verdadeira cruzada para matar seu médico, é muito querido por todos que encontra pelo caminho. Em "Darandina", o episódio de um louco que se pendura no topo de uma palmeira leva toda a população da cidade a questionar seus próprios valores, e em "Sorôco, sua Mãe, sua Filha", a cantiga de duas loucas no momento da partida para o sanatório se constitui no único elemento de comunicação entre os habitantes da pequena cidade.

Mas se a loucura é frequentemente tratada de maneira explícita nessas estórias, em outras é apenas sugerida ou se confunde com o absurdo. Tal é o caso do idoso que divide sua propriedade entre os empregados, sem dar nenhuma explicação às filhas, que ele amava com sinceridade ("Nada e a Nossa Condição"), ou o do forasteiro suspeito que dava cerveja a seu cavalo ("O Cavalo Que Bebia Cerveja"). De todas essas estórias, a mais intrigante, contudo, é a de um homem que abandona tudo o que tem para viver o resto da vida numa canoa, navegando para cima e para baixo no mesmo rio ("A Terceira Margem do Rio"). Esta narrativa, uma das maiores joias da ourivesaria rosiana, é, aliás, fundamental para a compreensão da obra do autor, pois, se de um lado, pode ser vista como uma crítica veemente à supremacia do pensamento racionalista, de outro, nunca abandona completamente os limites da racionalidade. A situação apresentada na estória não pode ser explicada em termos racionalistas, mas não se insere em momento algum na esfera do maravilhoso ou do fantástico, uma vez que as condições básicas de sobrevivência do indivíduo (alimentação e agasalho) são supridas ao protagonista pela família.

Essa visão da vida como mistério e perplexidade constitui também tema básico em outras estórias do livro, principalmente naquelas mais obviamente marcadas por uma preocupação filosófica: "Fatalidade", "Sequência", "Luas-de--Mel", "Um Moço Muito Branco", "Substância" e "O Espelho". Em todos esses casos, o homem é movido pelo desejo de decifrar o mundo, mas as facetas da realidade são tantas e os momentos tão efêmeros que tudo se torna relativo. Esse é o sentido do *salto mortale* a que se refere o protagonista de "O Espelho" – uma das narrativas mais densas e filosóficas do livro – após a experiência que empreende para se enxergar como realmente é. Em *Primeiras Estórias*, a preocupação de Guimarães Rosa com a linguagem atinge também um estágio de elaboração até então pouco visto, e a metalinguagem chega a constituir o tema central na estória "Famigerado", que gira toda em torno da exploração do significado de um vocábulo.

Tutameia, o último livro publicado em vida por Guimarães Rosa e cujo título significa, segundo o autor, "nonada, baga, ninha, inânias, ossos-de-borboleta, quiquiriqui, tuta-e-meia, mexinflório, chorumela, nica, quase-nada",[9] é uma coleção de estórias ainda mais curtas que as da obra anterior e mais profundamente marcadas pelo tom filosófico. Trata-se de uma série de episódios, circunstâncias ou situações, com pouco ou nenhum enredo e sequência cronológica e nenhum compromisso com qualquer tipo de racionalismo. São *flashes* rápidos, miniaturas da vida que, por seu cunho de narrativas relâmpago, já constituem mais uma inovação na obra do autor.

---

[9] João Guimarães Rosa, *Tutameia*. 2. ed. Rio de Janeiro, José Olympio, 1968, p. 166.

No entanto, a grande novidade presente no livro reside no fato de que, aqui, Rosa apresenta, de modo altamente poético, sua própria concepção de arte. *Tutameia* se divide em quatro partes e cada uma delas é precedida de um prefácio, verdadeiro ensaio literário, em que o autor discute alguns dos principais aspectos de sua *ars poetica*: a oposição entre "estória" e "história" e a noção de coerência interna da obra de arte, a criação e o uso de neologismos, a relação entre a obra e o mundo do autor, e os problemas da criação estética.

O primeiro prefácio, intitulado "Aletria e Hermenêutica", inicia-se com a oposição entre "estória" e "história". A "estória", segundo o autor, deve ser distinta da "história", pois enquanto esta é a narração de fatos que supostamente ocorreram, aquela é pura invenção, uma criação que tem lógica própria. A "estória" aproxima-se da anedota na medida em que demanda originalidade, ao propor uma realidade superior e dimensões para "mágicos, novos sistemas de pensamento".[10] Entretanto, não é todo tipo de anedota que serve a esse propósito. O autor tenta classificá-las e conclui que a "anedota de abstração" é a que melhor define a "estória", porque contém grande dose de não senso. Guimarães Rosa dá alguns exemplos em que o não senso constitui o verdadeiro suporte da narrativa e deixa claro que é nesse nível, e não no do senso comum, que alcança sua realização poética.

---

[10] Ibidem, p. 3.

O segundo prefácio de *Tutameia*, "Hipotrélico", trata de maneira mais específica de um aspecto sumamente relevante da linguagem do autor: o uso de neologismos. Guimarães Rosa defende o direito de criar palavras e afirma que "só o povo tem o direito de se manifestar, neste público particular".[11] O homem médio, educado, vive em uma sociedade pragmática, dominada por preocupações materialistas, e não sente necessidade de aumentar a expressividade de sua linguagem. Sua visão do mundo já está influenciada pelos conceitos adquiridos durante o próprio processo educacional e ele prefere limitar-se a fórmulas preconcebidas, não se preocupando com a expressão dos vários movimentos da alma. O homem inculto, ao contrário, ainda não sofreu influência dessa sociedade. Sua linguagem compõe-se de um vocabulário simples e sua mente ainda não foi dominada pelos conceitos e relações da lógica ocidental. Sua visão de mundo é predominantemente intuitiva, e ele sente como um imperativo a criação de palavras. Contudo, a necessidade de criar neologismos não é exclusiva desse homem. O poeta também é um ser intuitivo e, segundo Rosa, também deve aventurar-se nessa tarefa toda vez que as expressões correntes da língua não forem suficientes para transmitir as intuições próprias e obscuras do homem.

---

[11] Ibidem, p. 64.

O terceiro prefácio, "Nós, os Tremulentos", constitui-se de uma série de anedotas de bêbados que procuram escapar ao drama de sua existência, transformando em fantasia os problemas da vida cotidiana. Nesse prefácio, a oposição entre realidade e irrealidade elimina-se e tudo passa a ser uma questão do ponto de vista adotado pelo indivíduo. Aquilo que é tradicionalmente considerado real revela-se mera aparência, e a fantasia – aqui representada pela embriaguez – é o que confere lucidez ao homem. O mistério da vida reside na face oculta dos objetos e, a fim de alcançá-lo, é preciso transpor a fachada externa, representada pelo senso comum. Guimarães Rosa realiza essa travessia servindo-se do não senso, ao representar o mundo do ponto de vista de um bêbado. O não senso questiona a natureza da realidade objetiva e abre um caminho em direção à busca do "suprassenso". Esse prefácio deixa claro que a estrutura tradicional da linguagem e a lógica narrativa não vão além da representação do lado externo das coisas; daí a busca de uma nova expressão que caracterize a obra de Rosa.

O quarto e último prefácio de *Tutameia,* que lida com o problema da criação artística, é uma espécie de conclusão dos precedentes. Guimarães Rosa questiona todas as tendências antitéticas que o preocuparam durante o processo de criação de suas obras e conclui que um texto literário deve ser uma confluência dessas oposições. O mundo está repleto de contrastes e contradições e a obra de arte deve refletir, através de sua estrutura, os conflitos vitais do homem. O autor defende o direito de pôr em xeque a ordem estabelecida, pois é esta que sustenta a realidade aparente, e, mais uma vez, nega o valor objetivo das palavras, ao afirmar que tudo adquire um sentido novo quando a linguagem transpõe essa barreira. A dúvida é, para ele, o primeiro passo para a criação estética, porque abre uma porta para uma realidade mais profunda, que não pode ser apreendida em termos racionais. Guimarães Rosa confessa que sua vida sempre foi afetada por um tipo estranho de fatos ("sonhos premonitórios, telepatia, intuições, séries encadeadas fortuitas, toda sorte de avisos e pressentimento")[12] e afirma que no nível da arte e da criação essas manifestações têm sido ainda mais evidentes. Para ele, a obra de arte é concebida num estado de sonho que transcende o domínio da razão. Rosa explica como concebeu algumas de suas narrativas e, finalmente, relata o episódio de um romance que nunca concluiu, porque contraiu a doença de seu protagonista.

As duas obras póstumas de ficção de Guimarães Rosa, *Estas Estórias* e *Ave, Palavra*, são coleções de estórias escritas em momentos diferentes de sua vida e preparadas por ele para publicação sob forma de livro. *Estas Estórias* compõe-se de oito narrativas, à maneira de *Sagarana*, mais o relato jornalístico *Com o Vaqueiro Mariano*. Das oito

---

[12] Ibidem, p. 157.

estórias, quatro nunca tinham sido publicadas, três tinham vindo a lume na revista *Senhor*, entre 1960 e 1962, e a restante fazia parte de um livro coletivo, intitulado *Os Sete Pecados Capitais*. As narrativas inéditas haviam sido revistas diversas vezes pelo autor, mas ainda não tinham encontrado a forma definitiva. *Ave, Palavra* é a reunião de 55 textos literários definidos pelo autor como miscelânea. São poesias, contos, ensaios líricos, reportagens poéticas, máximas, notas de viagem e fragmentos de um diário, a maioria deles publicados em jornais e periódicos brasileiros no período de 1947 a 1967. O livro inclui ainda cinco ensaios curtos, acrescentados no final pelo editor, que não eram para fazer parte da coletânea, pois estavam destinados a integrar um volume à parte, com o título de "Jardins e Riachinhos".

O GRANDE SERTÃO: VEREDAS NO CONTEXTO DA LITERATURA BRASILEIRA E LATINO-AMERICANA COMO UM TODO

VISTO QUE O GRANDE SERTÃO: VEREDAS É UMA obra que, desde o momento de sua publicação, extrapolou as fronteiras nacionais, inserindo-se, pelo diálogo que estabelece com a literatura hispano-americana, no panorama mais amplo desse subcontinente, optamos por tratar a questão aqui por uma óptica mais abrangente que, sem deixar de lado a situação específica da literatura brasileira, focaliza-a dentro do contexto geral da produção latino-americana. Desse modo, iniciaremos com uma apresentação das tendências principais que precederam a publicação do romance rosiano no quadro da literatura latino-americana como um todo, e trataremos em seguida das inovações introduzidas pelo autor, que apresentam, por sua vez, fortes denominadores comuns com as que foram levadas a cabo pelos autores hispano-americanos da geração de Rosa, tornada conhecida posteriormente como a "geração da nova narrativa" ou do *boom* do romance latino-americano.

A narrativa latino-americana sempre se caracterizou, durante todo o seu desenvolvimento histórico, pela presença de uma tensão entre tendências opostas que se expressavam através de pares antinômicos do tipo: regionalismo x universalismo, objetivismo x subjetivismo, consciência estética x engajamento social. Essas tendências, que refletem, num plano mais genérico, a oscilação comum na cultura latino-americana entre uma acomodação aos modelos transpostos para o continente pelos colonizadores europeus e a busca de identidade nacional, mesclam-se na chamada "nova narrativa", dando lugar a uma espécie de "forma múltipla" ou "plural", que faz coexistirem em seu próprio *corpus* todos esses elementos tradicionalmente opostos. A existência dessas tendências não constitui, evidentemente, privilégio exclusivo da América Latina, uma vez que se podem detectar, sob algumas de suas formas, na literatura ocidental como um todo. Mas o fenômeno assume significado especial no contexto latino-americano, porque constitui um passo decisivo no processo de desenvolvimento que atravessa a ficção nesse continente e assinala sua projeção no panorama ocidental.

A oposição entre regionalismo e universalismo, considerada de maneira geral, constitui-se em duas linhas de ficção centradas em torno de dois eixos distintos – a natureza e o homem – e é frequentemente confundida, na América Latina, com outra oposição, de caráter mais superficial, que podemos especificar com os termos rural x urbano. Assim, de um lado, há um romance "regionalista", marcado por uma preocupação com a descrição da terra, do típico, e, de outro, uma espécie de ficção "universalista", voltada aos conflitos psicológicos e existenciais do homem, e tendo quase sempre como cenário um centro urbano ou cosmopolita. Enquanto no primeiro caso a ênfase recai sobre a paisagem, apresentada com o máximo de detalhes, e o homem, relegado a um segundo plano, é visto como um simples representante da região enfocada, no segundo caso, ele se configura como o elemento central, e a paisagem, mero pano de fundo, não chega geralmente a ser caracterizada.

Embora o tratamento dado aos elementos que definem cada uma dessas linhas de ficção tenha-se modificado consideravelmente dentro do âmbito do romance tradicional – por exemplo, a retratação da paisagem, que evolui de uma perspectiva ingênua e acrítica, baseada em descrições puramente exóticas ou pitorescas da cor local, para uma visão mais crítica, comprometida com o propósito de denunciar a situação política, social ou econômica de uma determinada região ou país –, não houve nenhuma mudança verdadeiramente profunda que chegasse a afetar em suas bases o estado de coisas vigente, e as dicotomias entre homem e natureza, cidade e campo, continuaram a prevalecer. No caso mencionado, talvez o mais significativo exemplo dessas mudanças, a preocupação com o típico continuou a ser tão proeminente que a paisagem ainda se erguia sobre o homem, e este, destituído de toda a sua complexidade, limitava-se ao papel de simples instrumento ou tipo.

Na "nova narrativa", entretanto, iniciada por volta do final da década de 1930 ou princípios da de 1940, a oposição representada por essas duas linhas de ficção – a "regionalista" e a "universalista" – neutraliza-se no contexto da literatura latino-americana. Por essa época, o centro de gravidade do romance "regionalista" desloca-se da natureza para o homem, e o núcleo desse tipo de ficção passa a ser formado por uma rede intricada de relações humanas. Agora o homem é, também nessa linha de ficção, o elemento nodal, e a paisagem, em vez de se colocar em posição superior a ele, passa a ser abordada por intermédio da figura humana, ou, em outras palavras, torna-se humanizada. Essa alteração de foco registrada dentro do âmbito do romance "regionalista" não implica, todavia, um abandono da dimensão regional, nem muito menos indica que essa linha de ficção tenha sido suplantada pela "universalista". Os elementos regionais continuam vivos e presentes na "nova narrativa", e sua importância pode ser facilmente percebida se atentarmos para a seleção dos temas e assuntos e a elaboração da linguagem nessas obras. A diferença reside no fato de que agora a terra não é mais tratada enquanto entidade autônoma, mas incorporada pelo homem, ou seja, é apresentada a partir da perspectiva daqueles que constituem seus habitantes. Em todos esses romances, os elementos regionais, locais ou típicos coexistem lado a lado com os universais ou genéricos, e é precisamente esse aspecto que melhor os caracteriza.

A oposição entre objetivismo e subjetivismo, ou, melhor, entre realismo objetivista e outros níveis de realidade, também se configura, no contexto da literatura latino-americana, pela existência de duas correntes tradicionais de ficção – uma de caráter romântico, idealista, e outra de natureza realista, objetivista, ou até mesmo pragmática. Essas duas correntes, embora por vezes coincidissem num mesmo período, mais frequentemente se alternavam através da história da ficção no continente, e a predominância de uma delas sobre a outra marcou momentos importantes no desenvolvimento dessa ficção. Assim, a predominância da corrente idealista, primeiro na época do romantismo, e depois na do modernismo hispano-americano, determinou o surgimento dos romances "indianista" e "modernista" respectivamente, e a predominância da corrente realista, primeiro durante os movimentos realista e naturalista, e mais tarde por volta dos anos 20 e 30 do século XX, foi responsável pelo domínio que o romance realista, sobretudo na sua chamada "versão engajada", exerceu nesse período.

Esse movimento alternativo, resultante da oscilação das duas tendências opostas, cessa, todavia, como no caso da oposição anterior, em meados do século XX, cedendo lugar a uma forma híbrida única, baseada numa concepção múltipla da realidade, que abarca tanto a perspectiva idealista quanto a realista. Por essa época, a noção de relatividade, fundamental no pensamento do século, já ocupara o cenário na América Latina, e a realidade, não mais vista a partir de um único ângulo, não pode continuar a se expressar por apenas um daqueles tipos de ficção. A realidade é agora, para o escritor da América Latina, algo múltiplo e dinâmico, algo ilimitado e composto de uma multiplicidade de níveis, e consequentemente só pode ser representada por meio de uma forma que procure apreendê-la em tantos de seus aspectos quanto possível. E a "nova narrativa", ao fundir em seu próprio *corpus* as duas perspectivas opostas, encarnadas pelas correntes tradicionais — e ao acrescentar a essa mescla componentes como o mítico e o mágico —, erige-se como uma forma mais adequada para expressar a nova visão de mundo.

A oposição entre esteticismo, ou melhor, consciência estética, e engajamento social também pode ser representada, do mesmo modo que as anteriores, pela presença de duas linhas de ficção centradas em dois polos distintos — a corrente esteticista, de um lado, baseada primordialmente numa preocupação com a forma, e outra dita "engajada", voltada mais para o conteúdo e que considerava a forma como mero veículo. Conquanto essas duas linhas de ficção se achem diretamente associadas a duas concepções distintas da literatura, cuja perspectiva unilateral tem sido frequentemente questionada pela crítica – a concepção da arte pela arte e aquela que encara a literatura como um meio para atingir outros fins, estranhos ao próprio fato literário –, elas também se dispuseram de modo alternativo através da história da ficção latino-americana e alcançaram importantes expressões em formas que se estendem desde as narrativas impressionista ou simbolista até o chamado "romance de engajamento social".

Entretanto, aqui também, do mesmo modo que nos dois casos precedentes, as correntes tradicionalmente opostas convergem no século XX, originando um tipo de narrativa em que uma atitude profundamente engajada no sentido sociopolítico não apenas coexiste com intensa preocupação formal como ainda se expressa pela própria forma da obra, que consiste num processo constante de questionamento. Reconhecendo a importância da linguagem na produção literária e a impossibilidade de separá-la da matéria tratada, os escritores da "nova narrativa" da América Latina entregam-se a uma busca obstinada da expressão formal que a crítica designou de "revolução da linguagem literária". E, ao exercer todo um questionamento da realidade exterior através da indagação sobre a própria linguagem, realizam uma revolução no gênero até então sem precedentes na literatura do continente.

Essa convivência de opostos na "nova narrativa" latino-americana, embora tensa, é sem dúvida um dos aspectos que mais contribuem para a projeção que essa narrativa veio a ter em termos internacionais, fenômeno que ficou conhecido como o *boom* da literatura latino-americana. Ao substituir tanto a necessidade de enfatizar o típico, presente no romance "regionalista", quanto a tendência a lidar apenas com o universal ou genérico, característico da linha oposta de ficção, por uma perspectiva múltipla, essa narrativa deixa claro haver alcançado um alto nível de elaboração que lhe permite situar-se lado a lado à produção canônica ocidental. Do mesmo modo, ao substituir ambas as visões unilaterais das correntes "objetivistas" e "subjetivistas", que se alternaram ao longo da história da ficção latino-americana, por uma perspectiva abrangente, que chega a incluir níveis como o mágico ou o mítico – tão significativos dentro do panorama cultural do continente –, a "nova narrativa" inscreve-se ao mesmo tempo como típica manifestação do século e perfeito representante do contexto de onde emerge. Finalmente, ao substituir tanto o puro esteticismo formalista, dominante em certas linhas de ficção, quanto a preocupação exclusiva com a denúncia dos aspectos sociopolíticos de uma realidade específica, por uma perspectiva mais ampla, em que o estético e o político não só coexistem, mas se relacionam dialeticamente, ela expressa sua dupla condição de "criação" e "representação" e ocupa posição de relevo entre as grandes realizações literárias do século XX. É esse caráter múltiplo e plural da "nova narrativa" latino-americana que será estudado aqui, primeiro em termos gerais e, em seguida, especificamente no *Grande Sertão: Veredas*.

O regional e o universal

Por volta de 1930, os ficcionistas da América Latina achavam-se de tal modo preocupados com a reprodução de uma paisagem específica, que o homem era tratado como parte integrante dessa paisagem e simplesmente abordado em seus aspectos exteriores. A ênfase nessas narrativas recaía na documentação o mais objetiva possível de determinada região ou país com o propósito de expor sua situação política ou socioeconômica, e o papel do homem limitava-se ao de tipo, definível mediante rótulos. Essa preocupação mimética teve sua importância reconhecida no sentido de que representou, como afirma Vargas Llosa, "uma tomada de consciência da realidade própria, uma vontade de reivindicar as culturas indígenas e mestiças e de encontrar, através delas, uma identidade nacional";[1] mas tanto essa tomada de consciência quanto o despertar político para os problemas do continente se expressavam por meio de uma perspectiva externa, de certo modo próxima da empregada pelos escritores naturalistas

---

[1] Mario Vargas Llosa, "En torno a la Nueva Novela Latinoamericana". *Revista de la Facultad de Humanidades* da Universidade de Porto Rico, Río Pedras, vol. 1, n. 1, set. 1972, p. 130. Tradução do autor.

do final do século XIX. Os aspectos que caracterizavam a região em causa eram descritos com um máximo de detalhes, e o homem, relegado a um plano secundário como mero representante desses aspectos. Ele era o gaúcho, o *llanero*, o representante de uma comunidade indígena ou o sertanejo, mas em nenhum desses casos figurava como personagem complexo, cuja problemática, embora diretamente vinculada à posição que ocupava na sociedade, correspondia também à de um indivíduo tomado em suas próprias premissas e em relação ao meio em que vivia.

A passagem dessa descrição de cunho naturalista, ou neonaturalista, para uma perspectiva mais dinâmica e plural, em que o centro da narrativa vem a ser ocupado por uma rede intricada de relações humanas e o homem passa a ser retratado em sua complexidade e contradições, começa a verificar-se nos anos de 1930 ou 1940 por obras como as de Graciliano Ramos, no Brasil, e Miguel Angel Astúrias, na América hispânica. Contudo, só se realiza plenamente após a Segunda Guerra Mundial, época em que o continente latino-americano como um todo parece haver tomado consciência de sua condição de subdesenvolvimento e de sua posição na história do mundo ocidental.

Em um ensaio hoje clássico, intitulado "Literatura e Subdesenvolvimento",[2] Antonio Candido,

---

[2] Antonio Candido, "Literatura e Subdesenvolvimento". *Argumento*, Rio de Janeiro, vol. 1, n. 1, out. 1973, p. 6-24.

após levantar a tese de que o regionalismo é expressão do subdesenvolvimento, passa a afirmar que esta é a razão pela qual a literatura regionalista sempre teve e continua tendo presença marcante na América Latina. Sua análise do regionalismo na literatura do continente conclui que o fenômeno atravessou três estágios distintos, cada um deles caracterizado por uma atitude diferente do escritor com relação ao mundo que o cerca.

O primeiro estágio corresponde à descoberta ou ao reconhecimento por que passa o escritor a respeito de sua própria realidade e encontra expressão literária na pintura da cor local e exaltação da natureza. Nesse estágio, a paisagem é abordada a partir de uma perspectiva externa, como algo exótico ou pitoresco, e é vista quase exclusivamente em seus aspectos positivos. A preocupação do escritor consiste basicamente na incorporação dessa paisagem no âmbito da ficção e, por conseguinte, na exaltação do país ou região, ao chamar a atenção para a riqueza de suas potencialidades. Essa visão acrítica, baseada em forte otimismo patriótico, foi a que predominou durante o século XIX, sobretudo a partir do romantismo (o movimento indianista constitui exemplo típico) e ainda se acha presente nas primeiras décadas do século XX em obras como as dos contistas brasileiros das primeiras décadas, dos escritores argentinos do ciclo do *gaucho*, como Güiraldes, e até mesmo em alguns dos mais representativos romances da fase imediatamente posterior, como *Doña Bárbara*, de Rômulo Gallegos, e *La Vorágine*, de José Eustasio Rivera.

No segundo estágio do regionalismo por que passou a literatura latino-americana, fase que, embora começada muito antes, atingiu seu apogeu na ficção produzida em torno de 1930, a exaltação da natureza cedeu lugar a uma visão mais crítica da realidade e o otimismo patriótico foi substituído por uma espécie de pessimismo com relação ao presente, revelador de alguns dos problemas políticos essenciais do continente. Entretanto, como o tom dominante aqui era de denúncia, a paisagem continuava a ocupar o plano central e os problemas humanos limitavam-se à posição específica dos personagens no próprio contexto da região representada. Essa segunda fase constitui um passo à frente no processo de busca de identidade da literatura latino-americana, na medida em que registra a evolução do escritor, de uma visão mais ingênua para uma perspectiva crítica, comprometida com a realidade circundante. Todavia, a atitude que lhe é subjacente não indica uma mudança realmente significativa. Em ambos os casos, evidencia-se certa necessidade de afirmação nacional por meio da ênfase conferida à paisagem que, seja pela exaltação de seus aspectos pitorescos, seja pela crítica de sua estrutura socioeconômica, situa-se no núcleo do universo narrativo. Ainda não se nota nesse período uma consciência dos escritores em relação à condição de subdesenvolvimento de seus países, mas pressente-se não estar esse estágio longe de ser alcançado.

Essa consciência do subdesenvolvimento é precisamente o traço definidor da terceira e última fase do regionalismo apontada por Antonio Candido. Mais consciente do caráter periférico de seu país, o escritor deixa de encarar a terra como caso especial ou isolado e passa a abordá-la como parte de um universo mais amplo em que desempenha importante papel. Nesse período, a América Latina não é mais uma região desconhecida, que necessita ser revelada ao restante do mundo por intermédio da representação literária. Essa tarefa fora realizada pelas gerações anteriores; o continente já conquistara uma tradição literária. E o escritor, ciente desse fato, passa a retratar a terra não apenas em seus aspectos específicos, ou puramente típicos, mas também no que ela tem em comum com o restante do mundo. O que importa nesse momento, para o escritor latino-americano, não é a região ou país *per se*, mas a terra segundo a perspectiva e experiência vital de seus habitantes. Em decorrência, o eixo dessa ficção vem a ser ocupado pelo homem que, de dependente de sua própria geografia, de paciente da história, torna-se o principal, ou até mesmo o único, protagonista. Essa mudança de ênfase da natureza para o homem não implica que este passou a ser tratado independentemente de seu meio, nem, menos ainda, que a paisagem desapareceu das páginas do romance. Ao contrário, o primeiro nunca esteve tão envolvido com seu meio, nem a última tão presente quanto agora. A diferença reside no fato de que o homem se tornou o pivô da narrativa e a paisagem passou a ser abordada por intermédio do ser humano, ou, melhor, humanizou-se.

A consequência imediata dessa humanização da paisagem é a emergência de um novo tipo de herói que, sem perder de vista sua condição de tipo, representativo de determinada região, transcende tal condição e impõe-se pela ação individual. Esse novo tipo de herói é um ser complexo, multidimensional, que engloba certas oposições até então prevalecentes, como a que polarizava homem e natureza, responsável em grande parte pelo sucesso do romance do "ciclo da selva". Agora, homem e natureza não são mais duas entidades distintas, frequentemente postas em conflito, mas os dois lados de um todo integral que se complementam um ao outro. A região acha-se presente no próprio homem, e este a reflete pela maneira como se relaciona com o mundo. A perspectiva determinista, responsável pelo cunho de unilateralidade com que se construíam os protagonistas de romances anteriores, isto é, a incorporação da condição de apenas tipos específicos, perde sua importância na ficção desse período. O novo herói continua a ser um tipo no sentido de que expressa sua coletividade – sua região ou sociedade e a função que desempenha nesse contexto – em cada um de seus atos, mas, antes de mais nada, ele é um indivíduo cujo círculo de ações não se pode restringir a essa esfera. A vontade que comanda esse herói é a sua própria, e os problemas com que ele se defronta, embora reflitam seus traços coletivos, são, antes de mais nada, problemas individuais, decorrentes de sua experiência pessoal no mundo.

Outra consequência do fenômeno de humanização da paisagem é a universalização da região – o rompimento de seus limites estritos e sua inclusão num contexto mais abrangente. Como o homem é agora o elemento nodal da ficção e a paisagem um fenômeno apreendido basicamente através da óptica humana, esta não pode mais apresentar-se simplesmente em termos de elementos específicos que lhe conferem singularidade, ou melhor, daqueles elementos considerados típicos. Estes últimos são geralmente clichês, o lado aparente das coisas, que se cristalizaram no decorrer dos anos; são apenas uma faceta da realidade – o óbvio –, e não a sua totalidade. E a paisagem, assim como o homem, é uma realidade mais complexa, que não se pode reduzir a esses rótulos. Do mesmo modo que o homem só pode ser bem retratado quando visto em sua complexidade e contraditoriedade, a primeira só se representa satisfatoriamente quando apreendida em sua multiplicidade.

Essa universalização da região, presente nas obras da "nova narrativa" de meados do século XX, indica o enfraquecimento da velha dicotomia entre rural e urbano, ou ainda regional e universal, que prevaleceu por tanto tempo na história da ficção latino-americana. No entanto, em momento algum significa a decadência do romance regionalista ou sua substituição pela narrativa urbana ou universal. A região continua viva e presente e não apenas como cenário dos acontecimentos; ao contrário, o índio, o *llano*, o caudilhismo e o sertão continuam a exercer uma função ativa e fundamental nessa narrativa. O que ocorre é que tais elementos não mais constituem o eixo da ficção, restringindo-se apenas a aspectos complementares. Além disso, a incidência crescente de romances em que predomina o elemento urbano, cosmopolita, não implica o abandono da dimensão regional, mas simplesmente do conceito tradicional de regionalismo próprio dos dois estágios discutidos antes – o exótico e o social. Romances como *Rayuela*, *Sobre Héroes y Tumbas* e *La Ciudad y los Perros* não são menos regionais do que *Los Pasos Perdidos*, *La Casa Verde* e *Cien Años de Soledad* pelo simples fato de que não se passam numa zona rural e se acham predominantemente voltados a preocupações de cunho universalista. Em todos esses casos, os elementos regionais, locais ou típicos coexistem com os universais ou genéricos e não são menos significativos.

Ampliação do conceito de realidade

Outro aspecto fundamental da transformação por que passou a ficção latino-americana em meados do século XX foi sua expansão do conceito de realidade. Embora se possa dizer que a ficção da América Latina tem uma ampla tradição realista, presente, por exemplo, no romance de cunho picaresco oriundo da literatura espanhola, o tipo de realismo prevalecente nessa ficção não é de maneira alguma o "realismo factual" que encontrou solo tão firme no século XIX. Todavia, foi precisamente esse tipo de realismo que, devido à influência da cultura europeia e ao papel desempenhado pelo pensamento científico e racionalista em todo o mundo ocidental na segunda metade daquele século, dominou o meio literário da América Latina, primeiro na época dos movimentos realista e naturalista, e mais tarde em sua forma dita "engajada", durante a primeira metade do século XX.

A primeira manifestação desse tipo de realismo — os movimentos realista e naturalista — não teve longa duração na América Latina, tendo sido logo substituída pelo Modernismo nos países hispano-americanos e pelo Simbolismo no Brasil. Mas sua segunda manifestação — a corrente do "engajamento social" — atravessou os movimentos de vanguarda e deu origem a uma tradição sólida que alcançou suas maiores expressões com o romance "indigenista" e o da "Revolução Mexicana". É verdade que essa corrente sociológica difere em pontos fundamentais da realista e da naturalista de finais do século XIX, mas a visão de mundo que a informa mantém a mesma perspectiva dos movimentos anteriores – a convicção de que a única realidade que interessa é a exterior, aqui ainda mais reduzida quase exclusivamente a um de seus aspectos, o socioeconômico. Essa concepção unilateral da realidade, embora já tenha encontrado questionamentos anteriores, só é deixada de lado quando a ficção do continente começa a mudar de foco da natureza para o homem e a transpor suas fronteiras regionais e nacionais para penetrar no âmbito da literatura universal. Por essa época, a noção de relatividade, proeminente no pensamento do século XX, já se tornara dominante na América Latina, e a realidade, não mais encarada como fenômeno apenas, é agora concebida como múltipla e dinâmica, incluindo outros níveis impossíveis de percepção puramente empírica.

A compreensão pelos escritores da impossibilidade de reproduzir a realidade por meio da literatura criou uma nova mentalidade na América Latina, segundo a qual a obra de arte tem sua realidade própria. O objeto estético é, para os autores de então, uma totalidade formada pelo equilíbrio dos diversos elementos que o compõem; desse modo, é preciso que esses elementos se relacionem entre si de maneira a produzir uma harmonia perceptível na apreensão do conjunto. A noção de realismo em arte, e particularmente em literatura, baseia-se agora num critério de coerência interna; portanto, a obra não pode ser concebida com intuitos puramente miméticos. Mas a concepção da obra literária como criação fictícia não implica, por outro lado, que se trate de um fenômeno isolado. A obra existe num contexto, o mundo de seu autor, e não pode deixar de expressar esse contexto; em outras palavras, ela transcende a si mesma e estabelece uma relação dialética com o mundo de seu autor.

Para os escritores da "nova narrativa" latino-americana, se a obra literária, ainda que não subordinada ao mundo exterior, é também uma expressão deste mundo, e a realidade deste é dinâmica e multifacetada, ela deveria procurar representar essa realidade em tantos de seus níveis quanto possível. Para Vargas Llosa, a mais alta missão da literatura é oferecer ao homem a possibilidade de se conhecer através da apreensão de todas as circunstâncias que o cercam; portanto, os melhores romances são aqueles que não projetam uma única luz sobre a realidade, mas muitas.[3] O autor está consciente de que o romance nunca poderá realizar-se plenamente em todos os níveis, mas insiste em que quanto maior sua diversidade, quanto mais ampla sua visão da realidade, mais completo ele será. Mas essa visão da realidade como algo múltiplo e dinâmico e sua consequente representação na literatura a partir de uma perspectiva também múltipla apresentam ainda outro

---

[3] Luis Harss, "Mario Vargas Llosa, o los Vasos Comunicantes". In: *Los Nuestros*. 8. ed. Buenos Aires, Sudamericana, 1978, p. 420-62.

aspecto de importância primordial para o escritor latino-americano, que é sua maior adequação ao espírito e à tradição cultural do povo do continente. A América Latina é uma terra de contrastes extremos, um lugar onde várias raças e culturas em estágios distintos de desenvolvimento coexistem e convivem. E uma terra destas, caracterizada pela ambiguidade, em que extremos demográficos, políticos, sociológicos e econômicos coexistem em constante tensão, não pode ser apreendida em termos exclusivos de realismo objetivista nem muito menos abordada com recursos puramente racionalistas. O maravilhoso, o mítico, o fantástico, bem como os outros níveis da realidade que transcendem a objetividade cientificista, constituem parte integrante da cultura latino-americana e, em consequência, não podem deixar de figurar em sua literatura. Assim, é somente assumindo essa realidade mais ampla, como tem afirmado com frequência García Márquez, e representando-a na ficção, que o escritor latino-americano alcançará uma expressão literária adequada ao seu contexto e poderá oferecer contribuição nova e significativa para a literatura universal.

A revolução da linguagem

A preocupação dos escritores da "nova narrativa" latino-americana com uma representação multidimensional da realidade teve uma consequência que constitui um dos traços mais relevantes dessa narrativa – a busca de uma nova linguagem para a expressão literária, ou, como preferem alguns críticos, a revolução da linguagem. Cientes do processo de desgaste por que passara a linguagem poética e de sua inadequação para expressar a visão de mundo de seu tempo, os autores da "nova narrativa" atribuíram-se a tarefa de revitalizá-la, de fazê-la recobrar sua energia originária. E começaram declarando guerra às suas formas preestabelecidas, incendiando-as, como afirmou Julio Cortázar em seu romance, ou antirromance, *Rayuela*, ao mesmo tempo manifesto e exemplo radical de revitalização da linguagem. Era necessário, diz ele, despir a linguagem de toda a sua *ropa ajena*, suas formas distorcidas, inexpressivas, desgastadas pelo uso, e procurar o sentido primeiro das palavras, mais próximos da imediatez das coisas.[4] Só assim as palavras se revelariam novamente em seu estado primitivo, com toda a sua potencialidade, como recursos naturais ainda inexplorados; só assim a linguagem readquiriria sua função poética de revelação. E os escritores da "nova narrativa" utilizaram-se de inúmeros processos a fim de levar sua linguagem a alcançar esse estágio.

Esse processo de revitalização a que se devotaram os autores da "nova narrativa" – processo que

---

[4] Julio Cortázar, *Rayuela*. 12. ed. Buenos Aires, Sudamericana, 1970, p. 488.

não se limitou, evidentemente, aos vários aspectos da língua *stricto sensu*, mas se estendeu ao discurso narrativo – revela a consciência desses escritores sobre o papel da linguagem na obra literária. Esta é, para eles, seu próprio corpo; portanto, não se pode reduzi-la a instrumento, a simples veículo de expressão de ideias. A obra literária se cria na linguagem; daí a observação do crítico Nelson Osório de que a preocupação maior do escritor da "nova narrativa" era "situar", "estabelecer" ou "instaurar" a realidade que queria representar "com a arma de uma linguagem poética que vai surgindo das necessidades desta ação".[5] Para esses autores, a linguagem de uma obra literária não é algo que preexiste à sua construção; ao contrário, é parte desta obra e, como tal, só é inventada no momento mesmo em que o escritor elabora seu trabalho. A linguagem com que se constrói uma obra é inseparável do material que ela comunica; daí a afirmação de García Márquez de que cada tema reclama um tipo de linguagem mais bem apropriado para expressá-lo.[6]

A convicção expressa por García Márquez e compartilhada por seus contemporâneos de que o problema da literatura é a palavra e de que

---

[5] Nelson Osório, "Problemas del Lenguaje y la Realidad en la Nueva Narrativa Hispanoamericana". *Problemas de Literatura*, vol. 1, n. 1, jan. 1972, p. 41.

[6] Gabriel García Márquez e Mario Vargas Llosa, *La Novela en América Latina: Diálogo*. Lima, Carlos Milla Batres e Universidad Nacional de Ingeniería, 1968, p. 20.

o escritor deve lutar pela forma adequada para expressar seu mundo é, segundo Vargas Llosa, o elemento central que caracteriza a "nova narrativa" latino-americana" – uma consciência da forma, um impulso artístico. O romancista dessa época acredita que sua obra é linguagem e seu sucesso ou fracasso dependerá da forma como a utilizar; por isso, entrega-se de corpo e alma à elaboração da expressão e leva a tarefa tão longe que frequentemente, como ocorre em *Rayuela*, a forma do romance se torna também seu próprio conteúdo. Foi devido a essa preocupação com a forma exata que García Márquez não só passou longos anos elaborando *Cien Años de Soledad*, mas também teve de produzir quatro outros livros antes para aprender a escrever aquele, e que autores como Guimarães Rosa e Vargas Llosa introduziram tantas inovações em seus textos que a narrativa alcançou com eles um estágio de desenvolvimento até então sem precedentes na literatura do continente.

Entretanto, esse caráter de investigação e essa necessidade de experimentação, tão próprios da "nova narrativa", nem sempre foram bem interpretados por um tipo de crítica, tanto do continente quanto do exterior, que considerava essa preocupação formal excessiva, chegando por vezes a acusá-la de mero ludismo formal, à maneira do que se vinha fazendo em certas linhas de ficção surgidas na época nas literaturas europeia e norte-americana. Tais acusações tiveram um aspecto positivo por servir de ponto de partida para uma série de polêmicas e ensaios metalinguísticos em que os autores apresentavam e defendiam sua própria visão do romance, formando uma espécie de poética, ainda que heterogênea, da "nova narrativa". No entanto, revelam uma visão falaciosa da crítica, que não percebeu à época que a preocupação com a forma nesses romancistas, longe de constituir mero ludismo verbal, era uma postura política, claramente assumida, que tinha como proposta a não separação entre o estético e o político. Para os autores da "nova narrativa" latino-americana, a fim de se expressar uma visão revolucionária de mundo, era preciso começar revolucionando-se os meios de expressão dessa visão, e é isso que Cortázar deixa claro ao declarar que "o romance revolucionário não é somente o que tem um 'conteúdo' revolucionário, mas o que procura revolucionar a forma mesma, a forma romance, e para isso utiliza todas as armas"[7] que estão a seu dispor.

Os fundamentos da formulação de Cortázar já haviam sido estabelecidos antes por Walter Benjamin quando, em seu famoso ensaio "O Autor como Produtor", declarara que o artista revolucionário não deveria aceitar de maneira acrítica as forças existentes da produção artística, mas

---

[7] Oscar Collazos, Julio Cortázar e Mario Vargas Llosa, *Literatura en la Revolución y Revolución en la Literatura: Polémica*. México, Siglo XXI, 1971, p. 73.

desenvolver e revolucionar essas forças, e que sua tarefa consiste em desenvolver as novas mídias que surgiram em nossa era tecnológica, assim como transformar os velhos moldes de produção artística.[8] E é esse conceito mais amplo de engajamento que se acha presente na "nova narrativa" latino-americana, manifestação artística que desafia toda uma visão de mundo ao questionar a própria forma. Os autores desse grupo partem do pressuposto de que, para efetuarem uma verdadeira fratura no sistema vigente, era preciso construir o que Carlos Fuentes designa de uma "arte da desordem", ou melhor, de uma ordem possível, contrária à dominante. Essa arte configura-se como verdadeiramente revolucionária no sentido de que "nega à ordem estabelecida o léxico que esta instituíra e lhe opõe a linguagem do alarme, da renovação, a desordem e o humor. A linguagem, em suma, da ambiguidade: da pluralidade de significados, da constelação de alusões: da abertura".[9] Essa é a linguagem da busca, uma das principais preocupações que caracterizam o homem do século XX, e consequentemente uma forma adequada para expressar sua visão. Assim, em vez de afastar o homem de sua realidade, essa linguagem de ruptura o coloca em contato direto com ela e, ao induzir o leitor à reflexão,

---

[8] Walter Benjamin, "The Author as Producer". In: *Understanding Brecht*. Trad. Anna Bostock. Londres, NLB, 1973, p. 98.

[9] Carlos Fuentes, *La Nueva Novela Hispanoamericana*. México, Cuadernos de Joaquín Mortiz, 1969, p. 32.

transforma-o de mero espectador ou consumidor num colaborador do escritor, num participante ativo do próprio processo criador.

A revolução da linguagem levada a cabo pela "nova narrativa" latino-americana não implica, além disso, o abandono de uma temática social que constituiu durante tanto tempo toda uma linhagem da literatura do continente, e é precisamente essa qualidade que a distingue da maioria das tentativas de cunho "formalista" que invadiram a literatura ocidental ao longo do século XX. A "nova narrativa" sempre se mostrou consciente do risco de frieza e desumanização em que essas experiências formais com frequência incorreram e, à diferença delas, raramente se envolveu em iniciativas inovadoras sem outro fundamento além do puramente estético. Ao contrário, desde suas primeiras manifestações, achou-se profundamente enraizada no contexto de onde emergia e, em consequência, é uma arte ao mesmo tempo altamente elaborada do ponto de vista estético e testemunho implacável de uma realidade social, política e econômica extremamente problemática.

O veio sociopolítico tão fortemente presente no romance latino-americano anterior continua a constituir um elemento fundamental na "nova narrativa", a diferença residindo no fato de que agora ele não é mais o aspecto central em torno do qual toda a narrativa se constrói. A subordinação do estético ao político no romance tradicional da América Latina cedeu lugar na "nova narrativa" a uma ênfase no elemento estético, mas a preocupação sociopolítica não perdeu seu ímpeto nem passou a receber menos atenção. Ao contrário, pode-se até afirmar, como o fez García Márquez, lembrando Lukács, que a "nova narrativa" é uma forma de literatura até mais comprometida – até mesmo no sentido estritamente sociológico do termo – do que qualquer manifestação anterior do gênero no continente, porque nela os aspectos socioeconômicos são abordados a partir do literário. A consciência estética, presente na "nova narrativa", em vez de esmaecer ou atenuar a preocupação sociopolítica da geração anterior, contribuiu para acentuá-la e revelou que os dois termos (o estético e o político) complementam-se um ao outro. Foi isso também que quis dizer Carlos Fuentes, com uma belíssima imagem, quando declarou, na revista *Insula*, que existem dois cavalos, o estético e o político, e que o romancista hispano-americano seu contemporâneo devia executar a difícil tarefa de montar em ambos ao mesmo tempo.[10]

---

[10] Carlos Fuentes, Declarações em *Ínsula*. Madri, n. 245, abril 1967.

4

O *Grande Sertão: Veredas* –

estudo crítico

O *Grande Sertão: Veredas*, único romance de Guimarães Rosa, é não apenas sua obra-prima, mas também uma das maiores realizações da literatura brasileira do século XX, e o sucesso do livro se evidencia pela quantidade de edições que, desde sua publicação, se sucedem com frequência, bem como pelo número de traduções para idiomas os mais diversos e outros meios de expressão, como o cinema e a televisão. A publicação da obra, em 1956, despertou de imediato enorme interesse, dando origem a um sem-número de resenhas apologéticas ou restritivas e a uma quantidade de ensaios substanciais, que abordaram o romance em profundidade e ofereceram auxílio inestimável para a compreensão do universo ficcional do autor. Embora estes últimos estudos sejam bastante distintos em sua natureza e metodologia, eles apresentam fortes denominadores comuns, como a preocupação com uma linguagem nunca antes empregada na literatura brasileira e o reconhecimento de que tanto a linguagem *stricto sensu* do romance quanto sua estrutura como um todo caracterizam-se pela confluência de vários elementos, frequentemente opostos, que coexistem em constante tensão, pondo em xeque a todo instante a lógica cartesiana, calcada no binarismo excludente das alternativas ou/ou e substituindo-o sempre que possível pela proposta de uma lógica inclusiva, indicada na narrativa pelo paradoxo "Tudo é e não é", repetido diversas vezes ao longo do relato. Esse cunho questionador do romance, que tem a ambiguidade como um princípio estrutural básico, é, a nosso ver, uma das grandes contribuições da obra para o quadro da literatura brasileira do século XX, e é com base sobretudo neste aspecto que construiremos nossa reflexão.

Deixando de lado a questão da linguagem *stricto sensu*, já amplamente explorada pela crítica, e focando a atenção sobre a estrutura narrativa, uma das inovações mais significativas introduzidas por Guimarães Rosa no *Grande Sertão: Veredas* consiste no fato de que o romance inteiro se constrói sob a forma de uma pergunta. Riobaldo, o protagonista-narrador, é um homem atormentado pela ideia de haver vendido a alma ao diabo, mas, ao mesmo tempo, não tem certeza se este realmente existe; assim, decide narrar sua vida a um interlocutor (um cidadão urbano culto em viagem pelo sertão) com o fim de colocar-lhe essa questão no final. Esse propósito da narrativa é explicitado em diversas passagens, como no momento em que diz: "Não tenciono relatar ao senhor minha vida em dobrados passos; servia para quê? Quero é armar o ponto dum fato, para depois lhe pedir um conselho. Por daí, então careço de que o senhor escute bem essas passagens: da vida de Riobaldo, o jagunço",[1] ou neste outro em que afirma: "Conto ao senhor é o que eu sei e o senhor não sabe; mas principal quero contar é o que eu não sei se sei, e que pode ser que o senhor saiba".[2] Riobaldo sente-se culpado por haver firmado um pacto com o demônio e se considera responsável pela morte de Diadorim (sua grande paixão), que vê como uma consequência; então, impõe-se a tarefa de reconstruir os episódios de sua vida, que precederam e se seguiram ao pacto, na esperança de encontrar alívio para sua consciência, algum tipo de julgamento ou perdão. E tudo em sua narrativa converge para a questão final que, não encontrando nenhuma resposta convincente, é deixada em aberto, à mercê da reflexão do leitor.

Porém, se toda a narrativa de Riobaldo se dirige para uma questão central – a formulação da pergunta sobre a existência do diabo –, essa narrativa já é também em si mesma uma pergunta, na medida em que se constrói por meio de uma linguagem definível precisamente pelo seu caráter de busca, pelo seu cunho especulativo. Riobaldo é uma representação do homem em estado de dúvida, de incerteza, que deseja "decifrar as

---

[1] João Guimarães Rosa, *Grande Sertão: Veredas*. 2. ed. Rio de Janeiro, José Olympio, 1958, p. 205-06.
[2] Ibidem, p. 217.

coisas que são importantes";[3] assim, sua narrativa, longe de constituir um mero relato de fatos ou eventos passados, é antes uma especulação acerca desses fatos, uma tentativa insistente de interpretá-los ou desvendar-lhes o sentido. E como suas especulações nunca são definitivas, pois as respostas alcançadas trazem em si mesmas uma série de novas questões, dando lugar a um processo dialético que só terminaria com sua morte, a narrativa inteira é, mais do que qualquer coisa, um grande levantamento de problemas a respeito dos quais o interlocutor é instado a discutir. Mas, a fim de vermos como esse levantamento de problemas se verifica efetivamente no texto de *Grande Sertão: Veredas*, dando origem a um tipo de narrativa que indaga mais do que faz afirmações, examinaremos agora os diferentes níveis da narrativa e procuraremos mostrar como eles se combinam para produzir esse efeito.

No início da longa narrativa que faz ao interlocutor sobre sua vida anterior como jagunço e as consequências dessa experiência, Riobaldo, já agora um velho fazendeiro, afirma: "De primeiro, eu fazia e mexia, e pensar não pensava. Não possuía os prazos. [...] Mas, agora, feita a folga que me vem, e sem pequenos dessossegos, estou de range-rede. E me inventei neste gosto, de especular ideia".[4] Nessa passagem, que constitui uma

---
[3] Ibidem, p. 96.
[4] Ibidem, p. 11.

espécie de sumário da estrutura do *Grande Sertão: Veredas*, observa-se que a narrativa, que Riobaldo acaba de iniciar, constrói-se em torno de duas linhas ou planos básicos, associados a dois momentos distintos de sua vida e marcados por duas atitudes diferentes de sua parte – um tempo passado, durante o qual ele vivenciou os fatos narrados agora, predominantemente marcado por sua ação no sertão, e um tempo presente, caracterizado por uma atitude especulativa, em que relata esses eventos a um interlocutor e os revive no próprio ato da narração. Embora essas duas linhas não sejam separáveis – ao contrário, interpenetram-se a todo instante na narrativa e é da dependência mútua estabelecida entre elas que se desenvolve a tensão de todo o relato –, focalizaremos aqui cada uma separadamente e passaremos a ver como se integram no corpo do romance.

A primeira dessas linhas, a do passado, corresponde à história que Riobaldo se propõe narrar, isto é, a história de sua vida de jagunço, e compõe-se dos episódios ocorridos naquela época. Todavia, como esses episódios são de dois tipos inteiramente distintos, é possível discernir aqui a presença de duas "sublinhas": uma objetiva, formada pela sucessão de fatos e eventos exteriores com que o narrador-protagonista se envolvera no sertão, isto é, suas lutas e batalhas, e outra subjetiva, constituída pelos conflitos interiores que ele experimentara então, por exemplo, sua hesitação entre o amor de Otacília e o de Nhorinhá, sua atração e ao mesmo tempo repulsa por Diadorim, e seu receio de assumir o comando das tropas. Essas duas sublinhas, por mais diferentes que pareçam em virtude da natureza de seus conflitos e episódios componentes e do alvo almejado pelo protagonista em cada uma delas (na primeira, o que se busca é o equilíbrio do mundo dos jagunços e, na segunda, a felicidade pessoal de Riobaldo), são, entretanto, muito semelhantes em sua estrutura, e seu movimento, alternativo durante toda a narrativa, revela-se convergente no final, quando elas se mesclam em um único clímax – a batalha que resulta na morte de Diadorim e na revelação de seu verdadeiro sexo.

A segunda dessas linhas, ou seja, a do tempo presente, ou tempo da narração, compõe-se das experiências por que passa o narrador-protagonista no momento mesmo em que relata sua vida passada ao interlocutor – a saber, suas especulações acerca desses fatos ou acontecimentos e sua tentativa de organizá-los em termos narrativos. Entretanto, aqui também, é possível distinguir-se a presença de duas sublinhas, uma de natureza basicamente especulativa e a outra de caráter crítico ou metalinguístico. Na primeira, a preocupação do narrador é decifrar as coisas que não pôde entender até então e dissipar as dúvidas que continuam a atormentá-lo; na última, ele se preocupa com a própria maneira de narrar aquelas coisas, com o encontro da expressão mais adequada para transmiti-las com o máximo de fidedignidade.

Essas duas sublinhas diferem fundamentalmente das do passado por existirem apenas no ato da narração – elas são exclusivamente uma experiência verbal –, mas distinguem-se também uma da outra pelo fato de que, no primeiro caso, a linguagem é um objeto *per se*, ou melhor, é, ao mesmo tempo, um meio e um fim, enquanto na segunda é objeto de uma outra linguagem, em suma, uma metalinguagem.

Mas se essas duas linhas em torno das quais se constrói a narrativa do *Grande Sertão: Veredas* podem claramente se separar por corresponderem a dois momentos distintos da vida do protagonista e a duas atitudes diferentes de sua parte – no primeiro caso, ele vivencia aquilo que irá narrar mais tarde, e, no segundo, narra aquilo que vivenciara anteriormente –, elas são mutuamente dependentes no romance: se, por um lado, as especulações atuais do narrador são uma consequência de suas ações passadas, por outro, essas últimas importam apenas na medida em que permanecem vivas no presente, sob a forma de perguntas que continuam a atormentá-lo. A narrativa de Riobaldo não é nem o mero relato de fatos ou eventos passados nem a simples acumulação de uma série de especulações empreendidas no momento da narração, mas a mescla dessas duas modalidades; e é precisamente nesta mescla que reside sua tensão básica: um desejo do narrador de reconstruir com exatidão os episódios de sua vida passada com o fim de dissipar as dúvidas e ansiedades do presente, e a consciência da impossibilidade de realizar esse desejo, pelo menos nos termos esperados, em virtude da defasagem temporal que permeia os dois momentos e da dificuldade de reconstruir experiências concretas por intermédio da linguagem.

Essa tensão torna-se evidente na narrativa se contrastarmos a ordem do relato de Riobaldo com sua constante preocupação acerca da cronologia dos acontecimentos passados. O *Grande Sertão: Veredas* inicia-se no tempo presente, com o episódio de uma estranha aparição (um bezerro) que o povo acreditou ser o demônio, e encerra-se novamente no presente, no momento em que Riobaldo, havendo terminado sua história para o interlocutor, lança-lhe a pergunta que dera origem a toda a narração. Todavia, no decorrer desta, os fatos e episódios do passado alternam-se com as especulações do narrador no presente, e sua ordem é determinada pela memória, ou seja, são relatados supostamente na sequência com que estariam aflorando na consciência do protagonista. Como a ordem da memória raramente coincide com a cronologia dos fatos, o resultado é um discurso predominantemente acronológico, que provoca no leitor uma impressão de caos, só dissipada completamente no final, com a apreensão da narrativa como um todo.

No entanto, se Riobaldo constrói sua narrativa nessa ordem aparentemente caótica, responsável por certo movimento de fluxo e refluxo que assusta o leitor comum, sua preocupação com a cronologia dos acontecimentos é tal, que ele frequentemente interrompe o relato com comentários do tipo: "Ai, arre, mas: que esta minha boca não tem ordem nenhuma. Estou contando fora, coisas divagadas",[5] ou "Sei que estou contando errado, pelos altos. Desemendo. Mas não é por disfarçar, não pense. De grave, na lei do comum, disse ao senhor quase tudo. Não crio receio".[6] Cada vez que pressente estar deixando o leitor confuso em razão da ordem do material narrado, fornece explicações, como a seguinte, que coloca tudo em seu devido lugar: "Essas coisas todas se passaram tempos depois. Talhei de avanço na minha história. O senhor tolere minhas más devassas no contar. [...] Agora [...] é que aos poucos vou indo aprendendo a contar corrigido".[7]

O narrador está consciente de que relata os episódios de sua vida de maneira predominantemente acronológica, e serve-se dos recursos mencionados como uma forma de orientar o interlocutor; ao mesmo tempo, sabe que não poderia adotar procedimento distinto e justifica seu ponto de vista ao dizer: "A lembrança da vida da gente se guarda em trechos diversos, cada um com seu signo e seu sentimento, uns com os outros acho que nem não misturam. Contar seguido, alinhavado, só mesmo sendo as coisas de

---
[5] Ibidem, p. 21.
[6] Ibidem, p. 94.
[7] Ibidem, p. 189.

rasa importância".⁸ Se há momentos de sua vida pregressa que se acham mais próximos dele do que outros de data mais recente, não há razão para narrar esses momentos em ordem cronológica. Os episódios do passado armazenados em sua memória vêm à tona no presente de acordo com a importância que tiveram e ainda têm para ele, determinada pela intensidade da experiência; portanto, devem ser narrados na ordem como ocorrem em sua mente. Nesse ponto, contudo, o narrador se depara com um problema: como o critério de importância é sempre subjetivo, tem receio de estar distorcendo os fatos e exprime sua preocupação em passagens como esta: "Ah, mas falo falso. O senhor sente? Desmente? Eu desminto. Contar é muito, muito dificultoso. Não pelos anos que se já passaram. Mas pela astúcia que têm certas coisas passadas – de fazer balance, de se remexerem dos lugares. O que eu falei foi exato? Foi. Mas teria sido? Agora acho que nem não. São tantas horas de pessoas, tantas coisas em tantos tempos, tudo miúdo, recruzado".⁹

Essa questão da cronologia constitui um elemento fundamental na narrativa, na medida em que expressa a tensão que se apodera do protagonista no momento em que se impõe a tarefa de relatar a vida ao interlocutor. Entretanto, como de uma perspectiva geral é apenas parte

---
⁸ Ibidem, p. 95.
⁹ Ibidem, p. 175.

de um problema mais complexo, o da reconstrução do passado, focalizaremos agora este último, começando por lembrar os fatores responsáveis pela impossibilidade de se levar a cabo essa reconstrução de maneira fidedigna: a lacuna temporal existente e a dificuldade de se moldarem experiências concretas por meio da linguagem. O primeiro desses fatores evidencia-se na narrativa mediante a consciência que Riobaldo expressa o tempo todo do caráter seletivo da memória e da certeza que tem de que é impossível separar o passado do presente. O segundo pela convicção de que qualquer tentativa de transmitir suas experiências através da linguagem acarreta inevitavelmente uma distorção. Embora o primeiro desses fatores constitua preocupação relevante para Riobaldo, levando-o constantemente a um processo de autoquestionamento, o segundo adquire no romance importância crucial na medida em que se instala no eixo central da narrativa e traduz uma das maiores preocupações do próprio Rosa – a busca da expressão literária. O narrador tem consciência de que o ato de narrar implica sempre alguma distorção, mas sabe também que é o único meio a seu dispor de re-experimentar o passado; assim, o problema que se coloca para ele passa a ser o do grau dessa distorção, o que o levará à busca de uma linguagem mais adequada para expressar o que deseja.

Essa procura de uma nova linguagem que Riobaldo empreende em sua narrativa não é, portanto, um fenômeno isolado, nem muito menos gratuito, mas uma atitude consciente do autor, filtrada por seu personagem, visando a oferecer ao leitor um relato com um mínimo de distorção. A linguagem da narrativa latino-americana anterior associara-se a uma determinada visão do mundo, e como o universo que Riobaldo deseja dar a conhecer difere em muito daquela visão, não seria possível alcançar seu objetivo por meio do mesmo tipo de linguagem. Ciente desse fato, ele se encarrega então de perseguir uma nova expressão, e estabelece uma relação isomórfica entre sua visão do mundo e a maneira de expressá-la, construindo o relato numa forma poética que vai sendo criada no momento da expressão. Não obstante, o grande sucesso que o narrador do *Grande Sertão: Veredas* obteve em termos de representação estética não se acha apenas relacionado ao tipo de linguagem adotado, mas ainda, e muito especialmente, à identificação que se estabeleceu entre a linguagem empregada e sua visão do mundo, ao representar a busca caracterizadora desta última através da procura de uma nova expressão. Riobaldo é um homem que, como ele próprio diz, sabe muito pouco, mas desconfia de muita coisa ("Eu quase que nada não sei, mas desconfio de muita coisa"[10]), um homem que se acha em constante estado de busca, e sua narração é a forma de que se utiliza para realizar essa busca, ou, em outras

---

[10] Ibidem, p. 16.

palavras, ela própria constitui um processo de busca. Mas como esse processo só pode ser levado a termo por meio de um tipo de linguagem que indague mais do que faça afirmações, verifica-se uma identificação entre viver e narrar, e sua busca existencial é representada pela demanda de uma nova expressão. Desse modo, além de representar sua visão do mundo por meio de uma linguagem que, em virtude de seu cunho indagador, melhor se adapta a essa função, o narrador emprega um processo semelhante ao que caracteriza sua visão e constrói o relato inteiro sob o signo da busca.

Nesse momento, contudo, surge um problema: se, por um lado, a identificação entre linguagem e realidade atenua o grau de distorção efetuado pelo narrador ao relatar suas experiências, por outro, o caráter experimental dessa linguagem aumenta-lhe as dúvidas a respeito da eficácia que esta teria para representar sua visão de mundo. É a essa situação de ambiguidade total, presente em todos os níveis da narrativa do *Grande Sertão: Veredas*, que se referem os *leitmotivs*, repetidos tão insistentemente ao longo de todo o texto, nas construções paralelas: "Viver é muito perigoso" e "Contar é muito, muito dificultoso". Viver é muito perigoso porque – é Riobaldo mesmo quem diz – "aprender a viver é que é o viver mesmo",[11] e narrar, por sua vez, é uma árdua tarefa na medida em que constitui parte do próprio viver, uma

---

[11] Ibidem, p. 550.

viagem ao desconhecido. A narrativa de Riobaldo não é o mero relato de fatos ou eventos remotos ou petrificados num passado, mas antes uma parte de sua vida que continua a pulsar, uma fase em seu crescimento que vem sendo constantemente questionada e reformulada – em suma, um processo dialético sem fim. E como num processo dessa ordem, um termo não pode existir sem seu correlato negativo, e aquilo que se considera uma tese em um dado momento revela-se como antítese em outro, pode-se dizer que a narrativa de Riobaldo consiste, em última instância, em um único grande questionamento, que põe em xeque ao mesmo tempo a realidade que pretende representar e a maneira de representá-la.

★

Tomando por base a ambiguidade estrutural do *Grande Sertão: Veredas* e o questionamento empreendido pelo protagonista-narrador ao longo de toda a obra, examinaremos agora dois elementos básicos de qualquer tipo de ficção – o personagem e o espaço –, que no romance rosiano adquirem uma importância altamente relevante pelas inovações que o tratamento a eles dispensado pelo autor introduziram no seio da literatura não só brasileira, como latino-americana em geral. Como vimos em um momento anterior deste estudo, um dos aspectos que melhor caracterizam a chamada "nova narrativa" da América Latina, em cujo conjunto podemos incluir o *Grande Sertão: Veredas*, é sua condição de ser ao mesmo tempo regional e universal, como resultado de um deslocamento do centro de gravidade do romance da natureza para o homem, ou, em outras palavras, de uma perspectiva puramente regionalista para outra mais universal, segundo a qual os elementos regionais, conquanto ainda bastante significativos, não constituem por si mesmos o núcleo da obra. Esse deslocamento – que consiste acima de tudo numa humanização da paisagem no sentido de que o homem, ao contrário desta última, é agora o pivô, e reflete certa maturidade por parte do romancista, que não mais vê sua terra como um caso especial ou isolado, mas como parte de um complexo mais amplo, o próprio mundo ocidental – teve como consequência a emergência de uma nova espécie de herói, em lugar do puro tipo da narrativa regionalista, e a universalização da região.

Numa primeira leitura do *Grande Sertão: Veredas*, chama a atenção de imediato a ambiguidade de seu narrador-protagonista, que é e ao mesmo tempo não é um jagunço. A narrativa é, como vimos, o relato feito por Riobaldo, agora um velho fazendeiro, de sua vida anterior como jagunço a um cidadão urbano culto em viagem pelo sertão. No entanto, durante toda a narrativa, o leitor percebe claramente que o protagonista, embora tendo levado por muito tempo a vida de jagunço, nunca se identificou completamente com o modelo, pelo menos conforme encarnado pelos demais jagunços do romance. A consciência de que era diferente de seus companheiros sempre emprestou a Riobaldo a sensação de ser um estranho entre eles, de não pertencer àquele mundo. Riobaldo está consciente de que não é como os outros jagunços, todavia entra para o mundo dos jagunços e compartilha sua experiência de vida a tal ponto que acaba tornando-se não apenas o líder do bando, como também o único homem capaz de devolver àquele bando o equilíbrio rompido com o assassinato à traição de seu primeiro chefe, o carismático Joca Ramiro.

Entretanto, durante toda sua vida de jagunço, Riobaldo nunca se adaptou completamente ao modo de vida dos companheiros, tendo sempre mantido certo distanciamento deles. Os jagunços típicos eram meros homens de ação, homens que se limitavam a obedecer às ordens de um líder e nem sequer cogitavam sobre as razões de seus atos. Riobaldo, ao contrário, é um indivíduo que reflete, que está sempre tecendo indagações, e é precisamente esta qualidade que lhe confere individualidade e responde por sua transcendência do tipo "jagunço". Enquanto os outros jagunços aceitam passivamente a condição de títeres manipulados por abastados e poderosos latifundiários que lhes garantem o sustento em troca de seus serviços, ele está sempre questionando sua condição de jagunço e constantemente investigando o sentido de suas ações. E ao questionar a necessidade de obedecer às ordens de seu superior e a validade de suas decisões, ele está contrariando o próprio código que rege aquele universo. Tal código exige obediência cega e submissão à vontade e às decisões do líder, no entanto Riobaldo se recusa a aceitar esses valores como imposição natural. É verdade que ele cumpre sua função como jagunço ao participar do combate ao lado dos companheiros, mas, por seu questionamento, transcende o puro tipo e coloca-se numa posição que extrapola as limitações impostas por aquele mundo.

É importante observar que o caráter especulativo de Riobaldo não exclui absolutamente sua condição de homem de ação. O protagonista de *Grande Sertão: Veredas* é ao mesmo tempo um homem de ação e um ser especulativo, indagador. É verdade que, devido a seu questionamento, Riobaldo transcende o tipo e torna-se um personagem complexo, dotado de ampla dimensão humana; porém, ao fazê-lo, não abandona completamente a condição de tipo, pois suas especulações não podem ser dissociadas de sua vida como jagunço. Ao contrário, são uma consequência dessa vida, ou melhor, derivam da lacuna existente entre ele enquanto indivíduo e a vida que leva. Essa lacuna, responsável por lançar Riobaldo primeiro em uma busca desesperada do sentido de seus atos e, mais tarde, em todo um processo especulativo voltado à autojustificação, já se verifica muito cedo em sua existência sob a forma contraditória de atração e, ao mesmo tempo, repulsa pela vida dos jagunços. Desde a adolescência, quando teve o primeiro contato com um grupo de jagunços que acampara na fazenda do padrinho, sentiu-se imensamente atraído pelo modo de vida desses homens e chegou a nutrir a esperança de vir a associar-se a eles no futuro. Contudo, o tempo passado na companhia da mãe e a educação recebida na escola, entre outras razões, funcionaram como uma espécie de antídoto, impedindo seu sonho de realizar-se. O acaso, porém, prega-lhe uma peça, e ele acaba indo ao encontro exatamente daquilo de que estava tentando escapar: aceita um emprego como professor particular de um homem sem saber que este lutava contra os jagunços e, por seu intermédio, acaba entrando em contato com a vida nômade destes últimos.

Nesse ponto, o conflito interior do personagem intensifica-se: Riobaldo admira os jagunços, mas faz parte de um grupo cujo objetivo é exterminá-los; não deseja levar a vida de jagunço, mas sua vida no grupo adversário não difere muito daquela. Então, consciente dessas contradições, abandona o grupo, mas apenas para cair novamente nas garras do destino: encontra por acaso um jovem que, anos antes, exercera estranha fascinação sobre ele e que, agora, como jagunço, o induz a aderir a seu grupo. Nesse momento, começa de fato a vida de Riobaldo como jagunço. Agora ele pertence a um bando, recebe ordens de um líder e irá matar ou morrer de acordo com preceitos fixos. E a carreira de Riobaldo como jagunço não para aí. Ao contrário, evolui para outra etapa que requer maior responsabilidade. Agora, a questão que se coloca para ele é a de assumir ou não a chefia do bando. A habilidade de Riobaldo como grande atirador é percebida de imediato por seus companheiros e sua capacidade de liderança reconhecida até pelos próprios chefes; mas, à medida que a guerra avança entre os jagunços e os momentos de risco tornam-se mais frequentes, sua aversão em aceitar a chefia acaba revelando-se como verdadeira obrigação moral. Riobaldo acha-se dividido entre a dedicação à causa dos jagunços e seus próprios princípios morais, segundo os quais a posição de chefe tem implicações altamente negativas, e, embora consciente de que não pode mais recuar, sente-se fraco e hesita. Desse modo, com o objetivo de reunir forças para realizar o que considera agora uma espécie de missão, Riobaldo faz um pacto com o diabo à meia-noite, numa encruzilhada. Este episódio, que constitui uma reviravolta no itinerário existencial do personagem, em vez de eliminar seu conflito, substitui-o por outro, de tipo diferente. Havendo-se defrontado com as forças do mal, Riobaldo sente-se capaz de assumir a liderança do grupo e, como líder, envolve-se de tal modo que conduz a guerra a uma batalha decisiva, ocasionando a vitória do bando. Contudo, apesar de vitorioso, não se sente satisfeito ou realizado; um forte sentimento de culpa, oriundo da crença de que vendera a alma ao diabo, o atormentará pelo resto da vida.

Esse sentimento de culpa constitui a base das especulações metafísicas que Riobaldo desenvolve mais tarde e que, por sua vez, motivam o relato de sua vida ao interlocutor. Riobaldo sente-se atormentado pela ideia de haver vendido a alma ao diabo e deseja certificar-se se este realmente existe ou é, como quer acreditar, "um falso imaginado". Então, começa a narrativa com o episódio do bezerro que o povo crê ser o demônio e encerra-a com a seguinte conclusão que, se não totalmente convincente do ponto de vista do processo de autojustificação do personagem, pelo menos lhe traz algum alívio à consciência: "Amável o senhor me ouviu, minha ideia confirmou: que o Diabo não existe. Pois não? [...] Nonada. O diabo não há! É o que eu digo, se for... Existe é homem humano. Travessia".[12] A despeito dos sintagmas "pois não?" e "Se for", que deixam o assunto em aberto para posterior investigação, Riobaldo nega nessa passagem a existência do diabo como entidade externa. Ao afirmar que o que existe é "homem humano", deixa transparecer que o mal, assim como o bem, é parte da natureza humana, caracterizada precisamente pela coexistência de elementos opostos. Essa conclusão, ainda que pareça óbvia, constitui um passo decisivo no processo de autoconhecimento do personagem e revela a aceitação de sua própria condição humana. Em suas especulações, Riobaldo evoluíra de uma perspectiva

---

[12] Ibidem, p. 571.

maniqueísta para uma visão mais madura, calcada na relatividade e reversibilidade das coisas, e, nessa nova fase, suas ações como jagunço passam a ser vistas por um ângulo distinto, destituídas do caráter puramente mítico ou diabólico. Agora o especulador, tendo meditado sobre seus atos do passado, aceita o homem de ação, e a distinção até então prevalecente entre os dois desaparece.

Aqui chegamos, no entanto, a um aspecto que reclama maior reflexão, isto é, o fato de que o jagunço presente no *Grande Sertão: Veredas* não é, de maneira alguma, um tipo construído exclusivamente num eixo semântico de negatividade. É verdade que os jagunços frequentemente aparecem no romance como bandidos envolvidos em uma série de ações demoníacas, como nos trechos em que Riobaldo lhes descreve a vida no acampamento do Hermógenes. Todavia, eles são também apresentados como soldados, e até mesmo heróis, vítimas de uma situação social complexa e capazes de ações nobres, homens que matam e morrem por lealdade a um chefe e sobretudo a um código ético que, embora distinto do dominante, não é mostrado como inferior. Em nome desse código, que visa a uma causa nobre – trazer justiça, tanto quanto possível, para o sertão –, o jagunço comete um grande número de atrocidades, mas, ao manipular o mal como forma para alcançar o bem, transcende, como afirma Antonio Candido, a condição de puro bandido. Assim, longe de ser um criminoso comum, é representado como um ser múltiplo e contraditório, dotado ao mesmo tempo de certo estatuto nobre que o coloca numa posição muito próxima à dos heróis do romance de cavalaria medieval.

A impetuosidade do jagunço, que vive em constante risco, seu desejo de fama e glória, e a lealdade para com o chefe e companheiros, entre outras qualidades, conferem-lhe alta dose de idealismo, que transforma o tipo tradicional em uma espécie de versão moderna dos heróis dos romances de cavalaria. Todavia, a falta de perspectiva na vida, constantemente questionada por Riobaldo, e sua servidão e submissão às figuras dos ricos proprietários de terras revelam-lhe a condição de marginalizados, cuja sobrevivência depende inteiramente desses homens. Os jagunços retratados no *Grande Sertão: Veredas*, por mais idealizados que sejam, são também uma reprodução fiel da classe tão presente no sertão brasileiro, que tem sido designada de "agregados", ou seja, um grande número de pessoas que, não tendo outros meios de subsistência, vive sob a proteção de poderosos latifundiários em troca de serviços, desde votos em eleição até o combate a qualquer força que possa lhe ameaçar a estabilidade.

A dependência dos jagunços em relação aos proprietários de terras é mencionada diversas vezes no *Grande Sertão: Veredas*, contudo torna-se ainda mais explícita quando, ao descrever os líderes, Riobaldo se refere ao fato de que todos eles recebem dinheiro e provisões de políticos poderosos, donos de extensas áreas de terras, que a eles se associam com o fim de conservar seu poder e um *status quo* do qual muito se beneficiam. Aliás, os próprios líderes são também, a maioria deles, ricos fazendeiros, que se de um lado levam a vida de jagunços, participando de suas andanças e compartilhando seu ideal de fama e glória, de outro, estão, como os grandes proprietários, defendendo os próprios interesses e lutando por manter uma situação em que a única vítima é o jagunço mesmo. Sem dúvida, há exceções, como Medeiro Vaz, a figura talvez mais idealista em todo o romance, que abre mão de suas posses e posição para dedicar-se de corpo e alma à causa dos jagunços. Mas é preciso assinalar que há claramente uma diferença no livro entre os líderes dos bandos, que têm meios próprios de subsistência e gozam de certo prestígio entre seus homens justamente por essa razão, e os demais jagunços. Estes são simples soldados, inconscientes de sua própria posição e contradições, "homens provisórios",[13] nas palavras de Riobaldo, que arriscam a vida a cada instante para sustentar um estado de coisas, baseado em prestígio e poder econômico individual, que não lhes traz nenhum proveito ou vantagem.

Ser contraditório, bandido e ao mesmo tempo herói, capaz de ações tanto vis quanto nobres, soldado e marginal, defensor de uma sociedade que o explora por seu valor e condena por suas ações

---

[13] Ibidem, p. 390.

— este é o jagunço que se encontra nas páginas do *Grande Sertão: Veredas*: um tipo social específico, baseado numa realidade concreta — o jagunço comum no interior do Brasil —, e uma criação fictícia, ideal, moldada em grande parte nos heróis dos romances de cavalaria, cujo sistema de valores ainda perdura nos habitantes dessa área. Essa ambiguidade do jagunço, que faz Riobaldo oscilar entre o desejo e, ao mesmo tempo, a repulsa de identificar-se com ele, e origina todo o seu processo de questionamento sobre a condição mesma de ser jagunço, é o que distingue o tipo representado no *Grande Sertão: Veredas* do que se acha presente na literatura brasileira anterior. Enquanto nesta última o jagunço era retratado por uma perspectiva unilateral, figurando ora como herói, ora como vítima social, no romance de Rosa é um ser múltiplo e contraditório. A ambiguidade do narrador protagonista, que encarna o tipo, mas ao mesmo tempo o transcende através de um questionamento que reflete um conflito existencial, também se observa no próprio tipo que, embora construído em torno de uma série de clichês, transcende a perspectiva unilateral da ficção regionalista anterior e projeta-se numa esfera mais ampla, tornando-se uma espécie de marca do regional no universal.

Assim como o protagonista do *Grande Sertão: Veredas* é simultaneamente um tipo regional e um personagem que transcende sua tipicidade por meio da dimensão humana de que é dotado, o espaço presente no romance rosiano é uma região múltipla e ambígua, correspondente, em um plano, a uma área física, geográfica, localizada no interior do Brasil, e, em outro, a uma realidade interior, espiritual ou psicológica, sem fronteiras externas, podendo ser vista como um microcosmo do mundo. Sem dúvida, Guimarães Rosa começou seu processo de representação da realidade por uma região concreta onde havia passado grande parte da vida, transformando-a ou recriando-a para formar o universo de seu romance. Contudo, é importante observar que, ao efetuar essa transformação, ao desrealizar aquela realidade que lhe servira de ponto de partida, ele nunca a perdeu de vista completamente. Ao contrário, esta se encontra presente, em toda a sua nudez e concretude, ao longo da obra inteira, e é exatamente o que constitui sua face documental, assinalada pela crítica.

Enquanto região concreta, o sertão é aqui uma representação, tão próxima quanto possível, de uma área específica do interior do Brasil que inclui o noroeste de Minas Gerais, o sudoeste da Bahia e o sudeste de Goiás. Essa precisão é tão claramente indicada no romance através de referências a cidades, vilas e acidentes geográficos (rios, montanhas e vales) com os mesmos nomes que têm na realidade, que foi possível, conforme fez Alan Viggiano em seu *Itinerário de Riobaldo Tatarana*,[14] traçar a rota das marchas do narrador

---

[14] Alan Viggiano, *Itinerário de Riobaldo Tatarana*. Rio de Janeiro, José Olympio, 1978.

como jagunço por essas terras. A área é descrita em todos os seus aspectos, desde os puramente físicos, como a fauna, a flora, o clima e a hidrografia, até os costumes do povo e o sistema socioeconômico, e tudo feito com tanta minúcia e senso de verossimilhança que quem desejar estudar o romance do ponto de vista de um documentário encontrará farto material: longas listas de animais e plantas abundantes na área, referências acerca do sistema fluvial e da precipitação das chuvas na região, menções aos hábitos culturais e às idiossincrasias da população, e a seus princípios, estrutura social e meios básicos de sobrevivência. Além disso, o termo "sertão" é empregado frequentemente com esse sentido literal, referindo-se à região geográfica. No entanto, convém observar que, mesmo nesse sentido, o termo não diz respeito a uma região nitidamente delimitada, pois varia na própria concepção dos habitantes da área. O sertão é na verdade um aglomerado de diversas regiões menores que se unificaram por um rótulo comum, e tal diversidade é indicada no livro pelo fato de que o termo é por vezes empregado em sua forma plural.

O termo "sertão", ainda em seu sentido concreto, é também utilizado para designar uma região basicamente rural, em oposição à cidade, vista aqui como um centro de progresso e civilização mais avançado. E é nesse sentido que o principal conflito do romance no nível factual, episódico, pode ser compreendido – a guerra que os jagunços levam a cabo primeiro contra os soldados do governo e, em seguida, após o assassinato de Joca Ramiro, contra os traidores que o mataram. Entretanto, é preciso assinalar que, nesse ponto, o conceito de "sertão" como região física começa a confundir-se com o de uma realidade humana, e a região que servira ao autor como ponto de partida passa a ser representada pelo sistema de valores do jagunço, aqui identificado com a terra. A cidade constitui o novo, é o progresso e a civilização que penetram no sertão sob a forma de soldados para conquistá-lo e civilizá-lo; daí a reação dos jagunços por intermédio de uma guerra que nada mais é do que o conflito social, econômico e cultural entre duas sociedades que coexistem em estágios consideravelmente distintos de desenvolvimento.

Esse conflito entre o velho e o novo, aqui representado pelo sertão e a cidade, encontra a melhor expressão, no romance, no episódio do julgamento de Zé Bebelo, passagem antológica, denominada por Cavalcanti Proença em seu *Trilhas no Grande Sertão* como o diálogo entre o sertão e a cidade. Zé Bebelo era um homem que aspirava a mudar os velhos hábitos do sertão, civilizá-lo. Queria exterminar os jagunços e, depois disso, tornar-se deputado, com o propósito de construir pontes, hospitais, fábricas e escolas no sertão. Era um fazendeiro que sonhava com cidades grandes e o nome nos jornais, e que, antes de investir contra o sertão, aprendeu a ler e escrever e foi aliado de soldados e políticos. Contudo, ele é capturado pelo grupo de Joca Ramiro e submetido a inquérito, no qual é acusado de ter invadido o sertão com o objetivo de mudar seus costumes. O resultado é a condenação ao exílio, sentença perfeitamente de acordo com o tipo de crime de que é acusado. No entanto, esse episódio não implica, como poderia transparecer pela sentença final, uma vitória do sertão sobre a cidade, pois nele estão contidos os germes da traição que ocasionará a cisão do grupo dos jagunços. É verdade que Zé Bebelo é punido por sua audácia de invadir o sertão e o episódio teve o efeito de fazê-lo mudar de lado – pois ele retorna, após o homicídio de Joca Ramiro, com o firme propósito de vingá-lo e vem a tornar-se chefe de jagunços –; mas, ao introduzir a ideia de julgamento e obter uma sentença diferente da morte, ele rompeu com os hábitos tradicionais do sertão e o expôs à influência da cidade. É por essa razão que a facção mais conservadora, representada pelos subchefes Hermógenes e Ricardão, tendo sido derrotada pela maioria dos votos no julgamento, rebelou-se contra Joca Ramiro e decidiu assassiná-lo.

No nível dos acontecimentos, o julgamento de Zé Bebelo constitui um episódio nodal do romance no sentido de que marca a linha fronteiriça entre dois momentos distintos da guerra dos jagunços: a luta contra os soldados do governo e a tentativa de reunificação após a divisão causada pela traição. Além disso, o episódio indica a introdução de hábitos novos e civilizados no sertão, tendência que irá gradativamente desenvolver-se, sobretudo durante as chefias de Zé Bebelo e Riobaldo. A consciência das mudanças que estão introduzindo no sertão leva esses personagens a frequentemente hesitarem em suas decisões, temerosos de estarem traindo sua terra. De fato, Zé Bebelo incorre nesse erro, durante o cerco à fazenda do Tucano, ao mandar chamar os soldados para contra-atacar o Hermógenes, fato cuja consequência é a perda da liderança em favor de Riobaldo. Mas se tanto Zé Bebelo quanto Riobaldo introduzem novos costumes no sertão, há uma diferença fundamental entre eles. Zé Bebelo jamais fora um verdadeiro filho do sertão, na medida em que nunca se identificou com o solo, nunca se adaptou ao *modus vivendi* do sertão. Seu objetivo era mudar esse modo de vida, romper com a ordem estabelecida, e não hesita em investir contra o sertão, primeiro conscientemente, ao combater os jagunços, depois talvez inconscientemente, ao solicitar a ajuda de políticos do governo para interferir em uma gestão interna. Zé Bebelo vai e vem do sertão através do romance, e, no final, quando Riobaldo o encontra pela última vez, seus planos são estabelecer-se numa cidade grande. Riobaldo, ao contrário, é um homem do sertão, indivíduo tão integrado em seu contexto, que este chega a exercer nele uma influência fatalística da qual não consegue escapar.

É essa integração de Riobaldo com o sertão, sua identificação com o *tellus*, que o leva a ser bem-sucedido precisamente naqueles aspectos em que os predecessores falharam. Zé Bebelo, um estranho, não havia sido capaz de compreender o sertão, pois sempre o enfocou por sua própria óptica, e falhou por lhe haver tentado impor os próprios valores. Riobaldo, apesar de hesitante a princípio, aprende a escutar o chamado da terra e acaba bem-sucedido na medida em que foi capaz de identificar-se com ela e assumir tal identidade até o fim. Seu sucesso, porém, como tudo o mais no romance, tem um sentido duplo, pois, a fim de alcançá-lo, teve de submeter-se ao poder fatalístico do meio e aceitar um destino que parecia haver sido previsto para ele de antemão. Esse caráter duplo do sucesso de Riobaldo, que faz parte do tema geral da relatividade e reversibilidade das coisas, é significativo também no nível dos acontecimentos narrados, porque estabelece uma distinção entre o conflito sertão *versus* cidade e a dicotomia existente na ficção latino-americana anterior, que resultava inevitavelmente na ruína ou destruição final do indivíduo. Essa distinção é uma consequência do fato de que, enquanto naquele tipo de ficção a natureza (seja o sertão, seja a selva ou o pampa) é sempre vista por uma perspectiva unilateral, como vítima da ambição e intento civilizatório do homem, devendo, portanto, ser vingada a todo custo, o sertão rosiano é uma realidade ambígua, dotada simultaneamente dos atributos de mãe e inimiga. O sertão não é, na obra de Rosa, um mero antagonista do homem, mas antes uma região múltipla, complexa e ambígua, construída sob um eixo semântico plural que oscila de acordo com a maneira de o homem relacionar-se com ela.

Mas esse conceito do sertão como uma região múltipla e ambígua coloca-nos diante de uma outra realidade, de âmbito um tanto mais amplo, que transcende a região no sentido em que a estamos discutindo. "Sertão", neste ponto, não é mais uma realidade geográfica que se pode caracterizar pelos seus aspectos, quer físicos, quer sociais ou econômicos, mas antes um microcosmo do mundo, uma região misteriosa, ilimitada, em que o homem vive em constante busca de sentido. Nessa região universal, que tem sido comparada pela crítica às estepes de Tchekhov, à Mancha de Cervantes ou mesmo à Dublin de Joyce, o jagunço vive com todas as suas contradições e defronta-se – em sua condição de "homem provisório" – com uma série de situações que nada são senão a representação da vida cotidiana de cada um, especialmente em seus momentos extremos de tensão. Esse conceito do sertão como um microcosmo é o que predomina no plano subjetivo da narrativa, constituído pelos conflitos interiores e pela perquirição metafísica do protagonista, pois tanto esses conflitos quanto a busca por ele empreendida do sentido da vida são preocupações que ultrapassam as barreiras de uma região geográfica específica. Se esta afirmação não deixa dúvidas no que diz respeito à busca metafísica de Riobaldo, é, no entanto, importante lembrar que seus conflitos interiores, longe de exclusivos do tipo por ele encarnado – o jagunço –, são entraves existenciais, próprios de todos os homens em qualquer época. É verdade que esses conflitos não podem ser totalmente dissociados das circunstâncias de sua vida – foi, por exemplo, o fato de ele ser um sertanejo admirador do *modus vivendi* dos jagunços que trouxe à baila a questão de vir também a tornar-se jagunço e foi sua habilidade enquanto tal que lhe acenou com a chefia do grupo –, mas considerá-los específicos por essa razão é extrapolar o assunto. Os conflitos de Riobaldo no plano subjetivo – a hesitação entre o amor espiritual por Otacília e o desejo carnal pela prostituta Nhorinhá; a insegurança decorrente da atração e repulsa simultânea pelo amigo Diadorim, que encarna, em sua androginia, as faces lícita e ilícita do amor; o desejo e, ao mesmo tempo, receio de levar a cabo aquilo que considera sua missão, entre outros – são todos conflitos universais com os quais o homem está sempre lidando no mundo.

Essa visão do sertão como região universal encontra suporte na narrativa no tema da "travessia", palavra empregada repetidamente através de todo o romance. Pois, se no nível denotativo, o vocábulo se refere às andanças de Riobaldo pelo sertão, suas marchas e contramarchas em prol da causa dos jagunços, no plano conotativo ou simbólico, ele indica o percurso existencial empreendido pelo personagem em busca do sentido das coisas e da condição humana. A vida, no romance, é uma travessia, busca do conhecimento, processo de aprendizagem só interrompido na hora da morte, e cada passo dado pelo homem em seu caminho constitui um instante de risco que o coloca diante do mistério e do desconhecido. Daí a máxima de Riobaldo: "Viver é muito perigoso", também repetida com frequência, pois, na palavra do narrador, "aprender-a-viver é que é o viver, mesmo".[15] Mas uma vez que tanto ele quanto o mundo em que vive são realidades dinâmicas, suas conquistas são sempre provisórias, e o que o caracteriza é um estado incansável de busca: "Vivendo, se aprende; mas o que se aprende, mais, é só a fazer outras maiores perguntas".[16]

Além disso, não se pode separar a vida de Riobaldo de sua narração ao interlocutor: o itinerário existencial que ele perfaz não está concluído no passado; é um processo contínuo, prolongado através do relato. As experiências do protagonista enquanto jagunço, suas batalhas e trabalho árduo pelo sertão, bem como os conflitos que enfrentou durante aquela época, constituem somente a primeira parte de uma travessia continuada no presente, e esses elementos merecem atenção apenas

---

[15] João Guimarães Rosa, *Grande Sertão: Veredas*. 2. ed. Rio de Janeiro, José Olympio, 1958, p. 550.
[16] Ibidem, p. 389-90.

por se acharem ainda vivos dentro dele, por haverem deixado marcas, sob a forma de interrogações que o perturbam no tempo presente. Tais interrogações – a "matéria vertente"[17] – constituem a substância de sua narração, que, longe de um frio relato de fatos e acontecimentos passados, é um processo vivo, ou seja, uma fase do processo de busca que se desenvolve e toma forma, mediante palavras, no próprio ato da narração. É por isso que o romance inteiro se constrói sob a forma de uma pergunta que se estende para além da possibilidade de qualquer resposta. O protagonista passou pelas experiências narradas no presente, mas, ao contá-las, ele as vivencia novamente, pois sua narração é, em suma, o esforço de decifrar aquilo que até o momento não pudera compreender.

Nesse sentido, a "travessia" que Riobaldo empreende no romance abarca ainda um outro significado – o de viagem através das palavras, da literatura – e é somente nesse momento que o papel do interlocutor pode ser entendido em toda a sua extensão. Pois esse personagem, frequentemente referido como homem culto, viera para o sertão com o propósito de "devassar a raso este mar de territórios para sortimento de conferir o que existe",[18] mas quando encontra Riobaldo em sua fazenda, o itinerário físico programado é substituído pelo relato desse sertanejo e transformado

---

[17] Ibidem, p. 96.
[18] Ibidem, p. 26.

numa viagem por meio da arte. Assim, em vez de conhecer o sertão apenas em seus aspectos exteriores, este lhe é revelado pela experiência de um de seus homens, e a visão que vem a ter dele é a de uma região humana, recriada pela arte. Não é à toa que o romance começa com a palavra "nonada", constituindo por si só uma sentença, e termina com o vocábulo "travessia", empregado também do mesmo modo, seguido do símbolo do infinito. O interlocutor de Riobaldo é o primeiro elo de uma cadeia, um representante do leitor, e o romance inteiro, uma travessia que cada um irá realizar do momento em que abre o livro até concluir a leitura. E como o leitor não é, nessa trajetória, um mero observador, mas um participante ativo, constantemente instado a refletir sobre os fatos narrados, e até a sacar deles conclusões, essa travessia integra-se em sua própria experiência existencial e torna-se, como no caso do narrador, parte de sua vida. Desse modo, o sertão se revela para ele não apenas como representação do mundo, mas também na qualidade de espaço artístico que se transforma em parte de sua própria experiência vital. Trata-se, em suma, de uma realidade viva, realimentada cada vez que um leitor viaja pelas páginas do livro.

★

Esses dois elementos, o personagem e o espaço, que encontram no romance de Guimarães Rosa um tratamento bastante singular, sobretudo quando os comparamos com obras anteriores da literatura não só brasileira, mas também latino-americana como um todo, tornam-se ainda mais inovadores quando observamos a perspectiva múltipla com que foram construídos na narrativa. Homem do sertão brasileiro, região caracterizada pelo mistério e o desconhecido, onde fazendeiros poderosos e políticos influentes convivem com jagunços e pessoas como os catrumanos, espécie de sobreviventes dos habitantes das cavernas, Guimarães Rosa não é uma exceção entre os escritores latino-americanos contemporâneos que se rebelam contra a tirania do racionalismo. Assim, em entrevista ao crítico Günter Lorenz, após deixar claro que para se entender a maneira de ser do brasileiro é preciso antes de mais nada aprender que o conhecimento é distinto da lógica, declara: "Espero uma literatura tão ilógica como a minha, que transforme o cosmo num sertão no qual a única realidade seja o inacreditável",[19] e acrescenta que o *Grande Sertão: Veredas* é sua "autobiografia irracional".[20]

O fato de que o sertão representado no *Grande Sertão: Veredas* é um mundo ilógico no sentido de que se situa em uma esfera que transcende as barreiras impostas pelo pensamento racionalista torna-se evidente no romance se pensarmos naqueles elementos que formam o complexo mental

---

[19] Günter Lorenz, op. cit., p. 93.
[20] Ibidem, p. 94.

dos habitantes da região, a saber, seu misticismo, crenças e superstições, e a maneira de relacionar-se uns com os outros e com os fatos e eventos exteriores. Embora pareça irrelevante enumerar esses elementos aqui ou mesmo os discutir separadamente, por configurarem a atmosfera que invade o romance inteiro, cabe mencionar que eles se estendem de meras superstições e premonições até a crença em aparições e o respeito quase religioso por curandeiros e adivinhos. Dentre esses elementos, o que mais se destaca, chegando a constituir um dos principais temas da narrativa, é o temor ao diabo, ser sempre presente em sua ausência, que "não há, havendo", como afirma Riobaldo frequentemente.

O sertão do romance de Rosa é um universo misto que reflete o processo de transculturação característico do continente latino-americano; é uma terra habitada por povos distintos, com seus hábitos e costumes, religiões e mitos, que se mesclam numa espécie de sincretismo em que um dos traços mais proeminentes é a crença no sobrenatural. Nesse contexto, a existência do diabo é uma ameaça constante que assalta as pessoas desde a infância; não é estranho, portanto, que essa preocupação ocupe posição de relevo na narrativa de Riobaldo. A crença no diabo como entidade externa faz parte daquele mundo e o respeito inspirado por este adquire a forma de um terror mítico que pode exercer poderosa influência sobre a ação dos indivíduos. Assim, logo no início da narrativa, há uma referência a um homem que dizem possuir um diabinho em sua casa, e o jagunço Hermógenes, antagonista de Riobaldo, é frequentemente acusado de ter feito um pacto com o diabo.

Tendo nascido nesse mundo onde se evita pronunciar o nome do diabo por medo de que ele apareça, onde um jagunço se arrepende de seus crimes no meio de um combate exclamando que avistou a Virgem, onde uma jovem se torna milagreira depois de jejuar três dias seguidos e onde o fenômeno do fogo-fátuo é interpretado como punição divina, Riobaldo não pode deixar de ser um indivíduo crente nessas coisas – alguém que inegavelmente possui uma consciência mítico-sacral – e essa observação se evidencia em diversos momentos da narrativa. Desse modo, quando o jagunço João Goanhá afirma haver o Hermógenes contraído um pacto com o diabo, acrescentando que é o último quem age em seu lugar, Riobaldo admite compartilhar dessa crença e, mais tarde, em meio à batalha final, declara ter visto o Hermógenes como uma encarnação do demônio. Finalmente, é por causa dessas crendices que ele próprio decide contrair um pacto com o diabo, visando, como vimos, à reunificação dos jagunços. Contudo, se não há dúvida de que Riobaldo possui essa consciência mítico-sacral, é necessário observar que ele é também dotado de uma mentalidade lógico-racionalista, resultante talvez de sua formação escolar, que vem de encontro a essa faceta mítica, levando-o a questionar seus próprios valores de homem do sertão. Na consciência do narrador-protagonista, é a coexistência dessas duas estruturas mentais cuja tensão está bem presente no universo latino-americano que dá origem a um dos conflitos nucleares de todo o romance – o conflito que se estabelece entre o *mythos* e o *logos*.

A face lógico-racionalista da consciência de Riobaldo expressa-se no romance toda vez que ele se situa em posição crítica com relação aos aspectos que caracterizam o universo mítico-sacral sertanejo. Por exemplo, logo no início da narrativa, quando, após relatar ao interlocutor o episódio do bezerro que o povo acreditou tratar-se do demônio, exclama: "Povo prascóvio";[21] ou mais adiante, quando, havendo relatado o episódio do fogo--fátuo, tece comentários sobre a ingenuidade das pessoas. Mas esse lado de sua consciência revela-se sobretudo pela necessidade constante de Riobaldo de negar a existência do diabo. É esse componente lógico-racional de sua mente que o impele a narrar sua história ao interlocutor – um cidadão urbano culto, lembremo-nos – na esperança de que este confirme a não existência da entidade. Todavia, a própria necessidade de insistir sobre esse fato e de procurar o auxílio de alguém para sustentar seu ponto de vista já indica a hesitação do personagem e sua oscilação entre os dois mundos.

---

[21] João Guimarães Rosa, *Grande Sertão: Veredas*, p. 9.

O conflito de Riobaldo entre acreditar ou não na existência do demônio, ou seja, sua oscilação entre o mundo mítico-sacral do sertão e o lógico-racional do interlocutor, encontra sua melhor expressão no episódio do pacto, em que o narrador decide enfrentar as forças que temia a fim de tornar-se capaz de assumir posição de liderança e levar a cabo a vingança por que lutavam os jagunços. Esse episódio, que constitui momento decisivo no itinerário existencial de Riobaldo, por assinalar uma mudança de comportamento que torna possível a realização de seu objetivo, é também uma das passagens mais ambíguas de toda a narrativa, pois se de um lado é relatado a partir de uma perspectiva ingênua, sem nenhum distanciamento crítico, de outro, não contém nenhum elemento que exclua a possibilidade de interpretação racionalista. Riobaldo vai encontrar o diabo em certa encruzilhada, à meia-noite, e o invoca diversas vezes, mas este não aparece como entidade externa. No entanto, o protagonista não põe de lado a ideia de ele haver estado presente em sua ausência e registra ter passado por uma transformação que se irá manifestar mais tarde por meio de suas próprias ações como jagunço e líder de seu grupo. Desse modo, se o episódio pode interpretar-se em termos racionalistas como uma tomada de consciência do personagem a respeito do mal existente dentro dele e uma aceitação desse mal, também não exclui a possibilidade de uma interpretação mágica, que permanecerá presente na consciência de Riobaldo através da desconfiança que o atormentará de haver vendido a alma ao diabo. É por causa dessa desconfiança que ele devotará o resto de sua vida após a realização da vingança a práticas religiosas e irá narrar sua vida ao interlocutor. O protagonista quer ter certeza se o pacto foi realmente contraído e, no final, parece inclinado a negar sua existência, mas a dúvida nunca se extingue completamente.

Essa ambiguidade da narrativa de *Grande Sertão: Veredas* levou Antonio Candido a referir-se, no ensaio "O Sertão e o Mundo", à presença de uma "atmosfera reversível, onde se cortam o mágico e o lógico",[22] e mais tarde Roberto Schwarz, no estudo "*Grande Sertão* e *Dr. Faustus*",[23] a mencionar a existência no romance do mito "com ressalvas". Se o mito está indubitavelmente presente em cada aspecto do romance rosiano, a ponto de constituir um dos elementos fundamentais de toda a narrativa, em momento algum adquire autonomia, tornando-se independente da visão do mundo do homem. Ao contrário, é sempre tratado como produto da relação do indivíduo com o mundo, produto da interpretação humana e, consequentemente, como elemento da cultura representada na narrativa. O *mythos* na obra de Rosa não é um

---

[22] Antonio Candido, "O Sertão e o Mundo". *Diálogo*, São Paulo, n. 8, nov. 1957.

[23] Roberto Schwarz, "*Grande Sertão* e *Dr. Faustus*". In: *A Sereia e o Desconfiado: Ensaios Críticos*. Rio de Janeiro, Civilização Brasileira, 1965, p. 29.

elemento *per se*, mas parte do complexo mental do sertanejo e, como tal, não exclui o *logos*, infringindo as leis da verossimilhança. Esses dois elementos, longe de excludentes, se complementam no corpo do romance. E essa integração torna-se ainda mais bem realizada em virtude do tipo de narrador selecionado para relatar os acontecimentos. Pois, sendo esse um personagem dividido entre dois mundos de ordem distinta, ele expressa através de seu discurso as dúvidas e oscilações que o perturbam. Assim, se por um lado narra os episódios míticos a partir de uma perspectiva ingênua, da mesma maneira como se reporta um evento objetivo, por outro, introduz, pelo questionamento, uma série de dúvidas a respeito da sua veracidade, e essa situação de incerteza se transmite ao leitor. O narrador põe em dúvida o domínio do racionalismo, chamando atenção para o mito, mas, ao questionar também a existência desse último, não elimina a possibilidade de uma perspectiva racionalista e revela uma cosmovisão que representa, em sua multiplicidade, a realidade do homem latino-americano contemporâneo.

5

O olhar no *Grande Sertão: Veredas* – comentário sobre uma passagem-chave

Eu dizendo que a Mulher ia lavar o corpo dele. Ela rezava rezas da Bahia. Mandou todo o mundo sair. Eu fiquei. E a Mulher abanou brandamente a cabeça, consoante deu um suspiro simples. Ela me mal-entendia. Não me mostrou de propósito o corpo. E disse... Diadorim – nu de tudo. E ela disse:
– "A Deus dada. Pobrezinha..."
E disse. Eu conheci! Como em todo o tempo antes eu não contei ao senhor – e mercê peço: – mas para o senhor divulgar comigo, a par, justo o travo de tanto segredo, sabendo somente no átimo em que eu também só soube... Que Diadorim era o corpo de uma mulher, moça perfeita... Estarreci. A dor não pode mais do que a surpresa. [...]
Ela era. Tal que assim se desencantava, num encanto tão terrível; e levantei mão para me benzer – mas com ela tapei foi um soluçar, e enxuguei as lágrimas maiores. Uivei. Diadorim! Diadorim era uma mulher. Diadorim era mulher como o sol não acende a água do rio Urucuia, como eu solucei meu desespero.[1]

---

[1] João Guimarães Rosa, *Grande Sertão: Veredas*. 2. ed. Rio de Janeiro, José Olympio, 1958, p. 563.

A PASSAGEM EM QUESTÃO, PRÓXIMA AO FINAL DA narrativa, corresponde ao momento em que Riobaldo descobre que Diadorim, a pessoa a quem ele verdadeiramente amava e cujo amor não podia admitir por acreditar que se tratava de um homem, era na verdade uma mulher que se disfarçara de guerreiro para vingar a morte do pai, traído pelos jagunços Hermógenes e Ricardão, após o julgamento de Zé Bebelo. Riobaldo sofrera durante toda a sua vida de jagunço, dilacerado entre a consciência de que amava Diadorim e a não aceitação do caráter ilícito desse amor, e a descoberta de que ela era uma mulher só se dá após sua morte, na batalha final com o Hermógenes, quando já não era mais possível qualquer realização afetiva. A revelação de seu verdadeiro sexo, um dos pontos nodais da narrativa, dá-se de maneira sutil, pelo simples emprego de uma desinência de feminino nas palavras da mulher que prepara seu corpo para o velório. E Riobaldo, no relato a seu interlocutor, faz questão de manter o segredo até o momento em que ele também o descobrira. Esse artifício, que se acha relacionado ao tema central do bem e do mal, traz à tona uma das questões principais de toda a obra rosiana – a do olhar, da percepção. Riobaldo perdera a possibilidade de ser feliz por ter sido vítima da aparência, e agora se culpa por não ter tido sequer um pressentimento. É esse sentimento de culpa que permanecerá até o final de sua vida e que ele transmitirá para o interlocutor ao lhe narrar a história. Ciente agora do segredo de Diadorim, Riobaldo procura lembrar-se de todos os episódios que, no passado, indicavam sua identidade feminina, e censura-se, indagando com insistência: "Como foi que não tive um pressentimento?".[2]

Esta pergunta, repetida diversas vezes e em diferentes formas ao longo da narrativa, constitui uma chave para compreender o romance, porque, ao nos reportar à questão do olhar, da percepção, expressa o tema da relatividade, presente em quase todos os aspectos da estrutura da obra. Da mesma maneira que o protagonista, o leitor também se pergunta como este, tendo passado tanto tempo em contato diário com Diadorim, não percebera nada que pudesse haver indicado sua identidade sexual. Na verdade, se se pensarem nos traços físicos de Diadorim, conforme descritos por Riobaldo, e no grande número de vezes em que ela se comportava de acordo com os padrões instituídos pela cultura em questão como próprios da mulher, a ideia de não descobrir seu verdadeiro sexo parecerá absurda, dando lugar a uma interpretação mágica que infringiria as leis da verossimilhança. Essa interpretação, todavia, que seria perfeitamente aceitável na esfera da alegoria ou do símbolo, ou então plenamente plausível no âmbito do puro "realismo maravilhoso", não se aplica a um romance como *Grande Sertão: Veredas*, em que o autor nunca chega a projetar-se além dos limites

---

[2] Ibidem, p. 190.

do universo concreto. Prova disso é o fato de a resposta a essa pergunta encontrar-se presente na própria narrativa, sobretudo em dois de seus elementos: a série de afirmações repetidas com pequenas variantes que acentuam a relatividade da percepção na apreensão da realidade, e o recurso estrutural empregado de envolver o interlocutor no próprio processo da narração.

Embora as afirmações mencionadas sejam abundantes no romance e prestem-se muito bem para justificar a falha de percepção de Riobaldo, elas variam tão pouco uma da outra, que citaremos apenas a seguinte, na qual o personagem confessa: "Eu atravesso as coisas – e no meio da travessia não vejo! – só estava era entretido na ideia dos lugares de saída e de chegada".[3] Aqui, ao servir-se da imagem da "travessia", tão proeminente em toda a narrativa, Riobaldo deixa bem claro, como mais tarde confirma em outro trecho, que se achava perto demais de Diadorim e sobremodo envolvido emocionalmente para ser capaz de enxergar qualquer coisa com clareza: "Ele estava sempre tão perto de mim, e eu gostava demais dele".[4] E o leitor, se não se convence totalmente, ao menos recebe uma explicação plausível para o fato de ele não haver sequer podido entender o sentido de palavras agora tão óbvias quanto as pronunciadas por Diadorim, primeiro no momento da entrada

---

[3] Ibidem, p. 35.
[4] Ibidem, p. 537.

no Liso do Sussuarão, um dos momentos mais difíceis do périplo dos personagens pelo sertão, e depois na véspera da batalha final:

> Riobaldo, o cumprir de nossa vingança vem perto... Daí, quando tudo estiver repago e refeito, um segredo, uma coisa, vou contar a você;[5]

e

> – Riobaldo, hoje-em-dia eu nem sei, e, o que soubesse, deixei de saber o que sabia. [...] Por vingar a morte de Joca Ramiro, vou, e vou e faço, consoante devo. Só, e Deus que me passe por esta, que indo vou não com meu coração que bate agora presente, mas com o coração de tempo passado... E digo... [...] Menos vou, também, punindo por meu pai, Joca Ramiro, que é meu dever, do que por rumo de servir a você, Riobaldo, no querer e cumprir.[6]

Mas se o primeiro elemento apresentado pode não ser suficiente para justificar, em termos da estrutura da narrativa, a incapacidade de Riobaldo de discernir o aparente, a questão parece evidenciar-se quando pensamos na técnica empregada de envolver o interlocutor no próprio processo da narração, estendendo-lhe o problema da percepção da identidade de Diadorim. Embora a narrativa de Riobaldo não obedeça a uma ordem cronológica, ele só revela ao interlocutor o segredo do amigo

---

[5] Ibidem, p. 480.
[6] Ibidem, p. 502.

no exato momento em que o descobrira e justifica sua atitude, dizendo: "Eu conheci! Como em todo o tempo antes eu não contei ao senhor – e mercê peço: – mas para o senhor divulgar comigo a par, justo o travo de tanto segredo, sabendo somente no átimo em que eu também soube... Que Diadorim era o corpo de uma mulher, moça perfeita".[7] Entretanto, esse recurso, que poderia parecer à primeira vista uma simples forma de manter o suspense da narrativa a fim de assegurar o interesse do interlocutor, tem aqui outra função, que consiste em testar-lhe a percepção, e, por conseguinte, expressar o tema da relatividade das coisas. Riobaldo deseja que o interlocutor experimente, através da narração, processo semelhante àquele por que passou em sua vida, de modo a poder constatar se este será ou não capaz de descobrir, antes de lhe ser dito, aquilo que ele próprio não conseguira. Desse modo, fornece-lhe, ao longo de toda a narrativa, uma série de indícios, desde a descrição de traços físicos de Diadorim até o relato de atitudes que, vistas em retrospecto, indicam claramente sua identidade feminina, e chega ao ponto de quase revelar-lhe tudo:

> Diadorim era mais do ódio do que do amor? Me lembro, lembro dele nessa hora, nesse dia, tão remarcado. Como foi que não tive um pressentimento? O senhor mesmo, o senhor pode imaginar de ver um corpo claro

---

[7] Ibidem, p. 563.

e virgem de moça, morto à mão, esfaqueado, tinto todo de seu sangue, e os lábios da boca descorados no branquiço, os olhos dum terminado estilo, meio abertos meio fechados? E essa moça de quem o senhor gostou, que era um destino e uma surda esperança em sua vida?! Ah, Diadorim... E tantos anos já se passaram.[8]

Entretanto, como mesmo neste caso se mantém certa ambiguidade, a descoberta do segredo dependerá totalmente da percepção do interlocutor e, por extensão, do leitor, podendo variar, por conseguinte, de uma pessoa para outra.

Essa variabilidade na percepção do sexo de Diadorim elimina todo tipo de certeza, inscrevendo a narrativa de Riobaldo numa espécie de neblina, em que todas as possibilidades aventadas se tornam viáveis, mas nenhuma delas se erige como dominante. A escolha é sem dúvida possível, como o era também a percepção, mas a dicotomia estereotipada que hierarquizava os termos do processo, inserindo-os em eixos semânticos opostos, é decididamente posta em xeque. O *Grande Sertão: Veredas* é uma obra de indagação, de busca e de constantes e provisórias descobertas, e é esse seu caráter ambíguo, múltiplo e contraditório que constitui um de seus principais fascínios, envolvendo leitores os mais variados e de todas as partes do mundo como atesta a quantidade de edições e traduções de suas obras alcançada até hoje.

---

[8] Ibidem, p. 182.

SUGESTÕES DE LEITURAS SOBRE O *GRANDE SERTÃO: VEREDAS*

Como a fortuna crítica de Guimarães Rosa é enorme, optamos por indicar apenas alguns estudos críticos sob a forma de livros voltados especificamente para o *Grande Sertão: Veredas* e algumas obras de referência sobre o autor, e, mais especificamente, sobre o seu romance. Incluímos também uma relação de edições e periódicos especiais sobre Guimarães Rosa.

BIBLIOGRAFIA SOBRE GUIMARÃES ROSA

Livros

ABEL, Carlos Alberto dos Santos. *Rosa Autor Riobaldo Narrador: Veredas da Vida e da Obra de João Guimarães Rosa*. Rio de Janeiro: Relume Dumará/Faperj, 2003.

ADONIAS FILHO et al. *Guimarães Rosa*. Lisboa: Instituto Luso-Brasileiro, 1969.

ALBERGARIA, Consuelo. *Bruxo da Linguagem no Grande Sertão: Leitura dos Elementos Esotéricos Presentes na Obra de Guimarães Rosa*. Rio de Janeiro: Tempo Brasileiro, 1977.

ANDRADE, Sonia M. Viegas. *O Universo Épico-Trágico do Grande Sertão: Veredas*. Belo Horizonte: UFMG, 1982.

ARROYO, Leonardo. *A Cultura Popular em Grande Sertão: Veredas*. Rio de Janeiro: José Olympio, 1984.

BARBOSA, Alaor. *A Epopeia Brasileira ou: Para Ler Guimarães Rosa*. Goiânia: Imery, 1981.

BISILLIAT, Maureen. *Fim de Rumo, Terras Altas, Urucúia: Ensaio Fotográfico de Maureen Bisilliat, com Fragmentos Extraídos de* Grande Sertão:Veredas. São Paulo: Gráficos Brunner, 1969.

BOLLE, Willi. *grandesertão.br; o Romance de Formação do Brasil*. São Paulo: Duas Cidades, Editora 34, 2004.

BRAIT, Beth. *Guimarães Rosa*. São Paulo: Abril Educação, 1982.

BRASIL, Francisco de Assis. *Guimarães Rosa*. Rio de Janeiro: Organizações Simões, 1969.

CASTRO, Manuel Antônio de. *O Homem Provisório no Grande Ser-tão: Um Estudo de* Grande Sertão:Veredas. Rio de Janeiro: Tempo Brasileiro, 1976.

CASTRO, Nei Leandro de. *Universo e Vocabulário do Grande Sertão*. Rio de Janeiro: José Olympio, 1970.

CÉSAR, Guilhermino et al. *João Guimarães Rosa*. Porto Alegre: Faculdade de Filosofia da Universidade Federal do Rio Grande do Sul, 1969.

COSTA, Dalila L. Pereira da. *Duas Epopeias das Américas: Moby Dick e* Grande Sertão:Veredas, *ou: o Problema do Mal*. Porto: Lello e Irmão Eds., 1974.

COUTINHO, Eduardo F. (org.). *Guimarães Rosa*. Fortuna Crítica, 6. Rio de Janeiro: Civilização Brasileira, 1983 (2. ed., 1991).

_____. *Em Busca da Terceira Margem: Ensaios sobre o Grande Sertão: Veredas*. Salvador: Fundação Casa de Jorge Amado, 1993.

DAIBERT, Arlindo. *Imagens do Grande Sertão*. Belo Horizonte: Ed. UFMG, 1998.

DANIEL, Mary L. *João Guimarães Rosa: Travessia Literária*. Rio de Janeiro: José Olympio, 1968.

DANTAS, Paulo. *Através dos Sertões: Euclides da Cunha e Guimarães Rosa: os Livros, os Autores*. São Paulo: M. Ohno, 1996.

DOYLE, Plínio. *Bibliografia de & sobre Guimarães Rosa*. Rio de Janeiro: José Olympio, 1968. Separata do Livro *Em Memória de João Guimarães Rosa*. Rio de Janeiro: José Olympio, 1968, p. 193-255.

GALVÃO, Walnice Nogueira. *As Formas do Falso*. São Paulo: Perspectiva, 1972.

_____. *Guimarães Rosa*. São Paulo: Publifolha, 2000.

GARBUGLIO, José Carlos. *O Mundo Movente de Guimarães Rosa*. São Paulo: Ática, 1972.

GRANATO, Fernando. *Nas Trilhas do Rosa: Uma Viagem pelos Caminhos de Grande Sertão:Veredas*. São Paulo: Scritta, 1996.

HANSEN, João Adolfo. *O O. A Ficção da Literatura em Grande Sertão:Veredas*. São Paulo: Hedra, 2000.

HOISEL, Evelina. *Grande Sertão: Veredas. Uma Escritura Biográfica*. Salvador: Assembleia Legislativa do Estado da Bahia/Academia de Letras da Bahia, 2006.

LISBOA, Henriqueta et al. *Guimarães Rosa*. Belo Horizonte: Centro de Estudos Mineiros, 1966.

MACEDO, Tânia. *Guimarães Rosa*. São Paulo: Ática, 1988.

MARINHO, Marcelo. *Grande Sertão: Vertigens de um Enigma*. Campo Grande: Letra Livre, 2001.

MIKETEN, Antonio Roberval. *Travessia de Grande Sertão:Veredas*. Brasília: Thesaurus, 1982.

MORAIS, Osvando José de. *Grande Sertão: Veredas: O Romance Transformado*. São Paulo: Edusp, 2000.

NASCIMENTO, Zaeth Aguiar do. *Diadorim: Uma Estranha Revelação – O Feminino no Grande Sertão:Veredas*. João Pessoa: Ideia, 2000.

NOGUEIRA, Elza de Sá. *Daibert, Tradutor de Rosa: Outras Veredas do Grande Sertão*. Belo Horizonte: C/Arte, 2006.

PROENÇA, M. Cavalcanti. *Trilhas no Grande Sertão*. Rio de Janeiro: Ministério da Educação e Cultura, 1958.

RIEDEL, Dirce Côrtes. *Meias-Verdades no Romance*. Rio de Janeiro: Achiamé, 1980.

ROCHA, Luiz Otávio Savassi. *João Guimarães Rosa*. Belo Horizonte: UFMG, 1981.

RÓNAI, Paulo (org.). *Seleta de João Guimarães Rosa*. Rio de Janeiro: José Olympio, 1973.

ROSA, Vilma Guimarães. *Relembramentos: João Guimarães Rosa, Meu Pai*. Rio de Janeiro: Nova Fronteira, 1983.

ROSENFIELD, Kathrin Holzermayr. *Grande Sertão:Veredas: Roteiro de Leitura*. São Paulo: Ática, 1992.

_____. *Os Descaminhos do Demo. Tradição e Ruptura em Grande Sertão:Veredas*. Rio de Janeiro: Imago/Edusp, 1993.

SANTOS, Paulo de Tarso. *O Diálogo no Grande Sertão: Veredas: Guimarães Rosa e Riobaldo*. São Paulo: Hucitec, 1978.

SANTOS, Wendel. *A Construção do Romance em Guimarães Rosa*. São Paulo: Ática, 1978.

SOUZA, Ronaldes de Melo e. *Ficção e Realidade: Diálogo e Catarse em* Grande Sertão:Veredas. Brasília: Clube da Poesia, 1978.

THEOBALDO, Carlos. *O Tempo em* Grande Sertão:Veredas *(um Estudo entre Luz e Sombras)*. Rio de Janeiro: Agora da Ilha, 2000.

TOLEDO, Marcelo de Almeida. Grande Sertão:Veredas – *as Trilhas de Amor e Guerra de Riobaldo Tatarana*. São Paulo: Massao Ohno, 1982.

UTÉZA, Francis. *João Guimarães Rosa: Metafísica do Grande Sertão*. São Paulo: Edusp, 1994.

VALADARES, Napoleão. *Os Personagens de* Grande Sertão:Veredas. Brasília: André Quicé, 1982.

VIGGIANO, Alan. *Itinerário de Riobaldo Tatarana*. Rio de Janeiro: José Olympio, 1978.

_____. *Diadorim-Deodorina: Hermes x Afrodite em* Grande Sertão:Veredas. Brasília: Andrequicé, 1983.

WARD, Teresinha. *O Discurso Oral em* Grande Sertão: Veredas. São Paulo: Duas Cidades, 1984.

XISTO, Pedro; CAMPOS, Augusto de; CAMPOS, Haroldo de. *Guimarães Rosa em Três Dimensões*. São Paulo: Conselho Estadual de Cultura, 1970.

Edições e periódicos especiais sobre Guimarães Rosa

CATÁLOGO. Museu Casa Guimarães Rosa. Cordisburgo (MG), dez. 1984.

CATÁLOGO. Exposição Bibliográfica Guimarães Rosa. Lisboa: Bertrand, 1968.

CULT. São Paulo, n. 43, 2001 (Dossiê Guimarães Rosa).

DIÁLOGO. São Paulo, Sociedade Cultural Nova Crítica, n. 8, nov. 1957.

EM MEMÓRIA DE JOÃO GUIMARÃES ROSA. Rio de Janeiro: José Olympio, 1968.

ESTUDOS AVANÇADOS USP – Dossiê Guimarães Rosa. *Estudos Avançados*, vol. 20, n. 58, set./dez. 2006.

GLÁUKS – REVISTA DE LETRAS E ARTES. Viçosa, ano 1, n. 1, jul./dez. 1996 (Ensaios sobre Guimarães Rosa).

JORNAL DE LETRAS. Rio de Janeiro, 19 (211/212), nov./dez. 1967 (Edição Especial sobre Guimarães Rosa).

LUSOBRASILICA, Roma, n. 3, 2000 (número especial aos cuidados de Giulia Lanciani: João Guimarães Rosa. Il Che delle cose).

MINAS GERAIS. Belo Horizonte, 25 nov. 1967; 23 nov. 1968, 23/30 mar. 1974; 6 abr. 1974 (Suplemento Literário. Edições Especiais sobre Guimarães Rosa).

NONADA. Letras em Revista. Porto Alegre, n. 1, 1997 (Revista da Faculdade de Educação, Ciências e Letras Ritter dos Reis).

O ESTADO DE S. PAULO, 13 (604), 30 nov. 1968 (Suplemento Literário, Edição Especial sobre Guimarães Rosa).

RANGE REDE – Dossiê Guimarães Rosa. Rio de Janeiro, vol. 2, n. 2, 1996.

REMATE DE MALES. Campinas, n. 7, 1987 (edição dedicada a Guimarães Rosa).

REVISTA DE CULTURA BRASILEÑA. Madri, 6 (21), jun. 1967 (edição especial sobre Guimarães Rosa).

REVISTA DO INSTITUTO DE ESTUDOS BRASILEIROS. São Paulo, n. 41, 1996 (número especial sobre Guimarães Rosa).

REVISTA USP – Dossiê *30 Anos sem Guimarães Rosa*. São Paulo, n. 36, 1997-1998.

SCRIPTA. Belo Horizonte, vol. 2, n. 3, 1998 (número especial Guimarães Rosa).

TRAVESSIA. Florianópolis, n. 15, 1987 (dedicada a João Guimarães Rosa).

VERBO DE MINAS: LETRAS. [Centro de Ensino Superior: Juiz de Fora], vol. 1, n. 1, 1998.

VISÃO. Rio de Janeiro, vol. 29, n. 23, 2 dez. 1966 (edição especial sobre Guimarães Rosa).

Dados Internacionais de Catalogação na Publicação (CIP)
(Câmara Brasileira do Livro, SP, Brasil)

Coutinho, Eduardo F.
  Grande Sertão: Veredas. Travessias / Eduardo F. Coutinho. –
São Paulo: É Realizações, 2013.
  (Biblioteca Textos Fundamentais)

  ISBN 978-85-8033-143-1

  1. Rosa, Guimarães, 1908-1967. Grande Sertão: Veredas – Crítica
e interpretação I. Título.

13-09221   CDD-869.909

Índices para catálogo sistemático:
  1. Literatura brasileira : História e crítica   869.909

Este livro foi impresso pela Edições Loyola para É Realizações, em outubro de 2013. Os tipos usados são da família Bembo e Antique Roman. O papel do miolo é alta alvura 90g e o da capa, cartão supremo 250g.